CONSIDÉRATIONS

SUR LES

PEUPLES DE L'ORIENT

CONSIDÉRATIONS

SUR LES

PEUPLES DE L'ORIENT

AVEC UNE

ANALYSE DE L'ÉTAT ACTUEL DE LA TURQUIE,

ET EN APPENDICE,

L'ISTHME DE SUEZ, CHEMIN DE FER DE LA MÉDITERRANÉE AU GOLFE PERSIQUE, BAZARS FRANÇAIS A ÉTABLIR EN LEVANT,

PAR

M. CHARLES GUYS,

Ancien Consul de France en Orient, membre associé de l'Académie de Marseille, et de plusieurs Sociétés savantes.

MARSEILLE,

TYPOGRAPHIE Ve MARIUS OLIVE, RUE MONTGRAND, 28.

1857.

PRÉFACE.

L'attention européenne étant portée aujourd'hui vers l'Orient, j'ai pensé de reproduire succinctement l'historique des nations qui l'habitent, et d'y comprendre même les Européens, divisés en deux classes : l'une composée de ceux qui s'y sont fixés et que nous nommons *Levantins*, et l'autre des Européens y faisant un séjour temporaire. Les Turcs ne font aucune distinction de classe et nomment tous les Européens *Frangs* (Francs). Ils considèrent que tous sont sous la juridiction de leurs ambassadeurs ou consuls respectifs, et que, par conséquent, ils ont conservé tous leur nationalité.

Je donne, à la suite de mes tableaux de nationalité, un état approvimatif de la population des pays dont le Sultan est le légitime souverain, et j'ai même compris le Liban, quoique ce soit une usurpation, puisque cette montagne avait conservé son indépendance par un traité passé avec Amurat IV ; mais nous nous expliquons sur ce sujet à l'arti-

un mot dans un journal de Marseille, puisque c'est toujours d'un intérêt majeur pour cette ville, que le percement de l'ithsme ait lieu ou non, attendu que la voie ferrée asiatique facilitera ses relations avec l'intérieur, ce qui n'avait lieu jusqu'à présent que par caravanne et était fort long et fort coûteux. J'ai indiqué Alexandrette comme le port le plus avantageux sur la Méditerranée, étant très-vaste et l'embranchement jusqu'à l'Euphrate plus court que si on voulait établir le point de départ à Séleucie. J'explique comment l'on peut rassainir le territoire d'Alexandrette en faisant dessécher les marais factices qu'on y a créés pour nourrir des buffles qu'on peut transporter ailleurs.

Dans mes convictions sur le parti qu'on peut tirer de la Turquie, il m'est venu en idée que des *Bazars français*, dans cette contrée, procureraient, non un avantage marquant comme les grandes entreprises, mais qui ne laisseraient pas que de donner du lucre; d'ailleurs ce serait donner un débouché plus considérable à l'industrie parisienne, et ce motif m'a encore plus porté à signaler l'Orient comme pouvant aussi faciliter l'écoulement de notre petite industrie artificielle, qui sera d'autant plus goûtée au Levant que les Orientaux sont fort pour le bon marché. Ils trouveront donc des objets nécessaires à bas prix, et ce sera une raison de plus pour s'en pourvoir.

Je déroule ma proposition dans la notice qui termine l'appendice. Quand j'étais en Orient, j'avais fait venir quelques articles pour mon usage, et je les fis voir à des Turcs de mes amis. Il faut leur parler matériellement, car ils ne lisent pas nos journaux, et les explications ne suffisent pas avec eux. Les objets leur plurent, et quand je leur indiquai le prix de chaque, ils ne pouvaient pas concevoir qu'on pût les livrer à un prix aussi modique; j'eus des commissions que j'ai remplies pour satisfaire mes amis. Aujourd'hui, il s'agit de servir le public, qui ne sera pas moins amateur de l'industrie française à bon marché.

Les derniers avis que nous avions, de la marche de M. Chesney, sont qu'il s'était décidé pour le Bassit, anse qui est au sud, et non loin de Séleucie, dont on peut faire un port, moyennant une jetée, qui garantirait des vents du large; mais, d'après la convention qu'il vient de passer avec la Porte, il paraît que Séleucie sera le port qu'on mettra en état de recevoir les steamers de la compagnie.

CONSIDÉRATIONS

SUR LES

PEUPLES DE L'ORIENT.

Les Turcs.

Pour qui veut connaître les lois religieuses, civiles et administratives qui régissent encore l'empire ottoman, on peut consulter l'ouvrage d'Ignatius Mouradgea d'Ohsson, fort étendu sur cette partie ; mais on doit observer que ses analyses se ressentent de son origine, étant né arménien-raya et ayant voulu faire sa cour à Sélim III, qui l'honorait de son estime (1).

Pour connaître l'esprit des Turcs, il faut s'en rapporter à Ricaud, secrétaire de l'ambassade anglaise, qui a écrit sur la Turquie avec la franchise européenne ; il les représente tels qu'ils se sont jetés sur l'Asie Mineure, venant des montagnes du nord de la Chine, avec le nom de Huns, et ayant embrassé l'islamisme. Ils prirent le nom de Turcs, parce qu'ils occupèrent en premier lieu le Turkistan, qu'on nomme

(1) On a une histoire des sultans Osmanlis par M. De Hammer, qui est la plus récente et très-détaillée.

aussi le Curdistan. Le caractère est demeuré montagnard avec toute l'exaltation que donne le Coran, pour se croire le premier peuple de la terre ; ils y sont aussi portés par les titres pompeux que portent les Sultans et qui n'est, au reste, que l'imitation de ceux que prenaient les empereurs du Bas-Empire. De là, ils ne considèrent les peuples soumis que comme esclaves, et les autres comme des infidèles dépendant du Sultan, puisqu'il est, selon ses titres, le distributeur des couronnes (1).

D'après le Coran, un prince musulman ne pouvait avoir des traités avec les infidèles, il n'y a eu que des trèves, et on le remarque bien dans l'*Histoire des Croisades*. Depuis, pour ne rien changer au texte du Coran, les Sultans accordent des capitulations et ensuite des articles additionnels.

C'est sur ces capitulations que les Européens commencèrent à fréquenter les échelles du Levant. Pour nous, cela date du temps de François Ier.

Mais que de désagréments n'éprouvèrent pas nos établissements commerciaux. Les jannissaires occasionnaient souvent des troubles. La Porte, malgré son bon vouloir, ne pouvait faire reconnaître son autorité partout. Il faut dire à la louange des consuls d'alors, qu'ils surent manier les affaires de manière à tirer le meilleur parti des circonstances pour pré-

(1) Un journal de Marseille rapportait, il y a quelque temps, d'après son correspondant de Constantinople, qu'un Européen rencontra un Turc de sa connaissance sur le canal du Bosphore, au moment qu'un gros bâtiment passait, se dirigeant vers les Dardanelles. Ce Turc dit à son ami : Savez-vous où va ce navire ? — Non ! lui répondit l'Européen. — Eh bien ! je vais vous l'apprendre : le Sultan étant mécontent de la conduite du padichah de Russie, lui a retiré la couronne, et ce bâtiment va à Alexandrie pour la remettre aux Américains !.. Que de contresens dans cette logique ; et si l'esprit turc, à Constantinople, se trouve si peu versé sur les choses de ce monde, à plus forte raison l'ignorance est plus inculquée dans les musulmans de l'intérieur.

server nos nationaux de toute atteinte, ainsi que leurs propriétés.

La bataille de Lépante vint au secours de l'Europe pour tempérer l'orgueil de Soliman II.

Il fallut ensuite arrêter les Turcs devant Vienne, ce qui fit la gloire de Sobieski, roi de Pologne.

Mais il demeurait une morgue dans le gouvernement ottoman, qui fut vaincue par l'affaire de Navarin.

Mahmoud vit bien qu'ils s'agissait de la fin de son empire, s'il ne prenait pas les moyens de se rattacher aux grandes puissances occidentales. Dès lors, il adopta le système égyptien, qui se rapprochait de nous; mais la mort l'arrêta dans ses projets de réforme. Son fils Abdul-Medjid sentit qu'il n'avait pas d'autre marche à suivre; il avait d'autant plus besoin de l'Occident qu'il était menacé par le Nord; et les derniers événements lui ont assuré l'intégrité de ses Etats.

Mais il a fait des promesses, et il doit les tenir. La civilisation s'est étendue sur le globe, et l'on ne peut supporter qu'elle reste méconnue dans le fond de la Méditerranée et dans une partie de l'Europe, sous le sceptre ottoman; d'ailleurs on doit venir en aide aux chrétiens et aux israélites, qui réclament l'assistance des grandes puissances chrétiennes, les arbitres du monde par la force que Dieu leur a donnée, pour rendre à l'humanité tous ses droits. C'est à ces considérations que le Sultan a octroyé le Hatt-Humayon de février dernier, qui égalise la condition de tous les sujets de Sa Hautesse. Mais ce n'est pas tout de donner des ordres, il faut qu'ils soient exécutés. C'est ce que ne veulent entendre les musulmans, dont l'amour-propre se trouve blessé, parce qu'ils ne peuvent concevoir qu'un raya puisse devenir leur égal. Il leur faudra du temps pour leur faire entendre raison, en leur démontrant que le régime actuel est plus favorable que celui précédent, puisqu'ils seront gouvernés avec un esprit de modération qui assurera leur tranquillité et fera en même temps le bien des rayas, pour que ceux-ci prennent de l'attachement pour leur souverain et ne forment qu'une même famille.

Les Grecs.

On ne peut parler des Grecs de l'Orient, sans se rappeler leur ancien héroïsme et combien nous leur devons de reconnaissance pour les arts et les sciences auxquels ils nous ont initiés, pour avoir rendu l'Europe le flambeau de l'univers (1). Les révolutions qu'a éprouvé la Grèce ne nous ont pas ravi tous ses monuments, et on va encore les admirer pour payer le tribut d'éloges dû à leurs auteurs. Mais le peuple s'est abâtardi, passant d'un joug sous un autre, et celui qui lui a été le plus funeste fut de tomber sous le glaive des Osmanlis, qui, en lui laissant la liberté du culte, le restreignit dans quelques petites églises, lui enlevant ses plus beaux temples. Chrétiens depuis que saint Paul fut prêcher l'Evangile chez eux, les Grecs n'ont pas moins conservé les anciennes mœurs et les usages de leurs ancêtres. C'est ce qu'on retrouve dans l'intérieur, et quand l'on s'y trouve, l'on se croit encore aux siècles de Périclès et de Démosthènes. Mais les écoles sont fermées ; des *pàpas* apprennent à lire et à écrire à quelques élèves, qui n'en voient pas trop le besoin, pour devoir être attachés au service des Turcs, plus grossiers qu'eux, et qui ne veulent pas voir des domestiques à leurs ordres, mais des esclaves, ce qui leur donne tout droit sur eux pour les assujettir aux travaux les plus pénibles et sans miséricorde !... Nous n'entrerons pas

(1) Pour bien connaître les Grecs modernes, on doit lire le *Voyage littéraire de la Grèce*, par M. Pierre-Augustin Guys.

dans d'autres détails à ce sujet, car il serait trop pénible de les raconter (1).

C'est à cet état d'oppression que sont dus bien des mouvements insurrectionnels qui ont eu lieu en Turquie, de la part des Grecs, dans la partie de l'ouest. Les vexations des autorités comme des particuliers doivent naturellement les pousser à bout. N'attendant du secours que du Nord, c'est ce point qu'ils invoquaient. Enfin, le Nord et l'Occident s'entendirent, et le royaume de Grèce fut fondé, malgré les résistances de la Porte. Pour vaincre cette résistance, il fallut détruire sa flotte à Navarin et ensuite chasser l'armée égyptienne, venue pour réparer l'échec éprouvé sur mer par les Turcs et reprendre la Morée. C'est ce dernier service que la France a rendu à la Grèce, et les drapeaux français se couvrirent encore de gloire, comme lorsque nous fûmes chasser les Mamlouks de l'Egypte.

Le dernier Hatt-Humayoun mettant les Grecs rayas au même rang, devant la loi, que les Musulmans, et par d'autres concessions; cela ne peut que les attacher au gouvernement Osmanli.

Il est bien entendu que la Porte fera exécuter ses ordres; car, autrement, il n'y aurait rien de changé, et alors nous verrions encore des troubles en Turquie, contre le vœu des grandes puissances, qui désirent l'union parmi les populations de l'empire ottaman, afin que le pays prospère et qu'il serve de barrière à l'Europe occidentale, devant un colosse qui demande d'être entouré de toute part pour se tenir dans ses limites; ce qui, en assurant la tranquillité de l'Europe, permettra au commerce de s'étendre, et toutes les entreprises

(1) Aujourd'hui, Athènes se relève de ses cendres, grâce à l'assistance de trois grandes puissances européennes, qui ont aidé à la formation du royaume hellénique, pour assurer une patrie aux Grecs persécutés.

gigantesques qu'on entreprend d'en venir à leur résultat, dans un but d'utilité générale, car, aujourd'hui, la partialité n'existe plus; tout est pour le bien commun.

Les Grecs des échelles en sentiront les avantages et les agriculteurs dans l'intérieur; quand les uns et les autres ne seront plus vexés, chacun fera valoir son industrie et en retirera les fruits. Les Grecs modernes ont montré du génie pour le commerce comme les anciens. La marine grecque, dans l'Hellade, s'accroît journellement; les Grecs rayas auront aussi leurs bâtiments, sans plus craindre les réquisitions, puisque l'arbitraire doit cesser, et qu'un navire turc ou grec jouira des mêmes droits de franchise, pour ne supporter que les charges publiques et égales. Ainsi des droits de douane et pour tous, puisqu'il ne peut plus y avoir de distinction de nation sur les sujets du même prince.

Les Grecs se sont portés dans les campagnes, et les Turcs, craignant les Grecs, sont restés dans les villes; or, la population grecque des campagnes s'est accrue. Les Grecs ont même préféré aller habiter les montagnes pour y être plus en sûreté; mais la nécessité les obligeant de descendre dans les plaines, c'est alors qu'ils se livrent au brigandage, ce qui fait la désolatiou de l'Ouest. Beaucoup de ces descendants des Pelasges viennent s'embarquer sur la côte de Thessalie et font les pirates comme leurs ancêtres. Que ces populations nomades soient assurées de cultiver les champs avec toute tranquillité, et elles quitteront le métier qu'elles font pour se livrer à l'agriculture et au commerce. Des Albanais-Turcs se mettent aussi avec ces bandes, car ces deux nations en font une espèce de profession, l'autorité turque n'ayant jamais été bien assise dans l'Ouest. C'est à la Porte à prendre des mesures pour rétablir le bon ordre dans cette contrée, en punissant les coupables et promettant protection aux hommes paisibles. Les bandes parcourent souvent la Macédoine et la Bulgarie et n'épargnent ni Turcs, ni chrétiens (1).

(1) Depuis que j'ai écrit mon article sur les Grecs, il a paru un ouvrage de M. de Bertou, sur les chrétiens non unis de l'Orient. Cet auteur les engage à rentrer dans le giron de Rome, et il croit que le Sultan y donnera la main, pour qu'il n'y ait plus que deux pouvoirs spirituels au Levant, celui du souverain, comme khalife, chef religieux des musulmans, et celui du Pape, duquel relèveront tous les chrétiens d'Orient.

Mais ce mode, qui rendrait à l'Eglise universelle ses enfants égarés, demande du temps pour déraciner le schisme établi par l'entêtement de Phocius et sa vanité d'être un patriarche indépendant de Rome. Sa doctrine a été la ruine de l'empire grec, et l'Occident n'ayant plus soutenu cet empire, Mahomet II a pu le réduire facilement. Aussi ce Sultan rusé a entretenu la discorde, et, après lui, ses successeurs.

Aujourd'hui, il ne s'agit plus de la même politique. L'Occident veut le maintien de l'empire des Osmanlis; il le veut sur les concessions qui lui sont faites que les rayas jouiront des mêmes avantages que les autres sujets du Sultan. Or, ce ne sera point le pontife romain qui engagera les chrétiens du Levant à la révolte, lorsqu'il y aura respect pour le culte, pour leurs personnes et leurs propriétés. L'Europe est devenue garante de ces conditions et saura y tenir la main. Les Grecs ne perdront pas leur liturgie, puisque les papes ne se sont point opposés à ce que les autres communions, rayas, conservassent les leurs; ils y gagneraient d'être encore réunis au Saint-Siége et guidés par des pasteurs qui ne s'occuperont que de leur bien. Nous voyons que les Arméniens veulent se rapprocher de Rome; qu'ils imitent cet exemple, et qu'ils tâchent de les devancer pour en avoir plus de mérite devant Dieu et les hommes portés à la concorde, lorsqu'on peut s'entendre pour ne plus déchirer l'Eglise de Jésus-Christ.

Des Grecs catholiques.

Nous avons parlé des Grecs schismatiques qui se disent orthodoxes, venons à ceux catholiques, qui sont la moindre branche qui demeura fidèle au Saint-Siége, malgré les déclamations de Phocius et les persécutions des empereurs grecs. Les papes n'ont pas été exigeants envers eux, car ils ont conservé le même rit que les autres Grecs, le même calendrier; seulement ils sont obligés de reconnaître les pontifes pour les chefs de l'Eglise. Leur patriarche réside dans le Liban, craignant que les Grecs ne fassent agir les Turcs, s'il résidait en autre lieu. Dans le Liban, il jouissait de la protection que la France accordait à cette montagne, depuis saint Louis. Je n'ai pu séparer, dans la statistique de la Roumélie, les catholiques, puisque, sous ce nom, je comprends Grecs catholiques, Arméniens catholiques et latins; mais on peut juger, par les chiffres, qu'il ne s'agit pas de beaucoup de catholiques, dans le nord de la Turquie. Le chiffre sera plus fort dans la Turquie du midi. Il y en a environ 25,000 dans les îles de l'Archipel qui sont échues au royaume de Grèce. Lors de la formation de ce royaume, il y eut un traité entre la France et la Grèce, d'après lequel la Grèce s'est obligée de leur conserver les avantages dont ils jouissaient sous la protection française, quand les pays cédés faisaient partie de l'empire ottoman. On ne peut passer sous silence une lettre de M. de Saint-Priest, publiée, dans le temps, dans les journaux de Paris, dans laquelle il plaisante sur la protection accordée, au Levant, aux catholiques, ne trouvant dans les capitulations aucune clause qui y soit relative; mais comme dans le style oriental on n'est souvent pas bien explicite, il paraît toujours qu'il s'agissait d'un point implicite, car tant les ambassadeurs que les consuls se sont toujours occupés des catholiques en général, rayas ou autres. Quand la protection de France leur a manqué, ils ont eu recours à l'Autriche. Par l'ancien privilége des catholiques Hellènes, lorsque survint la dernière froideur, les catholiques de cette nation établis au Levant ayant eu recours à l'ambassadeur de France, ils obtinrent la permission d'y rester, tandis que les autres Hellènes furent expulsés.

Des Arméniens.

Les Arméniens ont formé une nation puissante, en Asie, de fractions de plusieurs peuplades, compris les Parthes; elle s'est soutenue longtemps ayant un gouvernement sage, qui, par sa politique, sut maintenir la tranquillité dans l'intérieur du royaume et ménager les puissances dont il était entouré. Ce peuple devint chrétien à la lecture de l'Evangile, qui lui fut apporté par les apôtres Thaddée et Barthélemy; mais les guerres qui se succédèrent en Orient durent naturellement le mettre en perplexité; les communications se trouvèrent arrêtées avec l'Eglise de Constantinople et avec Rome, ou du moins elles devinrent moins fréquentes. C'est à la fin du XIIe siècle que les Arméniens commencèrent de nouveau à se rapprocher des Européens.

Les papes traitaient les Arméniens en enfants de sa famille; mais, par l'esprit d'intrigue qui régnait alors, on parvint à faire croire au Saint-Siége qu'il y avait de l'hérésie dans leurs dogmes; les papes ne cessèrent pas moins de correspondre avec leurs patriarches. On cite Innocent XIII (1697) et Clément XI (1701 et 1710) qui les dénommaient toujours frères en Jésus-Christ.

Sous Pie IX, pape actuel, l'Eglise arménienne envoya une députation à Mgr Ferrieri, qui se trouvait en mission à Constantinople, pour exprimer sa soumission au Saint-Siége et tâcher de réunir les deux Eglises, comme autrefois. Ce prélat ayant insisté sur la convenance et la nécessité que les patriarches et les évêques dussent être nommés par les papes, on ne put s'accorder, et toutes les négociations furent rompues.

Les Arméniens ne voulaient pas perdre le droit national, d'autant plus qu'il est reconnu par la cour de Rome pour les autres nations qui sont catholiques, au Levant. Quand il faut pourvoir au patriarcat, les évêques s'assemblent et l'un d'eux est nommé au scrutin. Celui élu fait part de sa nomination au Saint-Siége, et on lui envoie le pallium ; il ne l'attend pas pour entrer en fonctions, car c'est regardé comme un acte de déférence. Les patriarches de suite nomment aux évêchés et en donnent avis à Rome. Telle est la pratique en Orient, et il paraît que Mgr Ferrieri était bien peu au fait des priviléges nationaux pour vouloir les changer, surtout dans une circonstance où il faut ménager les peuples au lieu de les irriter, pour faire rentrer tout le bercail dans l'Eglise latine (1).

On divise la nation arménienne en deux branches : l'une, celle dite schismatique, et l'autre dite catholique ; celle-ci est la moins considérable et la plus pauvre ; l'autre, on peut dire, représente la nation. Les richards résident à Constantinople et sont les *sarrafs* (banquiers) des grands de la Porte, ce qui leur donne beaucoup de crédit, ils s'en sont servi quelquefois pour nuire aux Arméniens catholiques ; mais les ambassadeurs de France et d'Autriche ont toujours pris leur défense. Ceux-ci ont un patriarche qui réside dans le Liban pour y être plus en sûreté.

Les Turcs ne font aucune distinction d'Arméniens schis-

(1) M. Boghos Dadiana, dans sa déclaration adressée à Mgr Sibour, archevêque de Paris, démontre l'état de l'Eglise arménienne depuis son origine jusqu'à ce jour, ses divers rapprochements avec le Saint-Siége et exprime les regrets que ses démarches auprès d'un prélat envoyé par le Saint-Père à Constantinople, il y a quelque temps, n'aient pas eu le succès qu'il espérait. Comme ce document est très-étendu et qu'il prendrait trop de place pour le rapporter, ceux qui voudront le lire le trouveront dans la *Revue de l'Orient*, bulletin d'octobre 1853, page 217.

matiques ou unis; ils ne voient qu'une nation qui ne leur fait pas ombrage et ont beaucoup de sympathie pour elle. L'Arménien de l'une ou l'autre communion est très-dévot, très-sobre et très-industrieux. De tous les chrétiens qui sont dans le Levant, les Arméniens sont ceux qui parlent le mieux le turc. Les ambassadeurs et les consuls en prennent à leur service comme interprètes auxiliaires. Les autorités aiment beaucoup à converser avec eux, étonnés que des hommes d'une autre religion s'expriment en turc quelquefois mieux qu'eux. Il est très-agréable d'entendre une dame arménienne parler turc, car elle prononce très-gracieusement les mots et ne se sert que de mots techniques (1).

(1) On voit que la nation arménienne veut se relever elle-même, puisqu'elle va envoyer soixante élèves à Paris.

Des Juifs.

On divise cette nation en trois corps : 1° les Talmoudis, 2° les Samaritains, 3° les Caraïtes. Le premier corps est le plus nombreux et le plus répandu. On ne rencontre guère des Samaritains ; ils se tiennent dans leur pays avec leurs anciennes pratiques idolâtres, ce qui les rend odieux aux autres Hébreux. Quant aux Caraïtes, ils n'admettent que l'ancienne loi et point les commentaires des rabins, car ils les considèrent comme des hérésies. Il y a beaucoup de Caraïtes à Damas et dans d'autres villes de Turquie ; il y en a même en Europe. S'adonnant aux lettres, ils sont moins superstitieux que les autres ; mais eux aussi sont mal vus des Talmoudis.

Nous n'avons donc à nous expliquer que sur le compte de ceux-ci, très-répandus dans le Levant et ne vivant, on peut dire, que du commerce ; ils connaissent si bien cette voie qu'aucune affaire ne peut se faire sans leur entremise. Sachant amasser de l'argent, ils deviennent négociants, banquiers, fournisseurs ; on en a vu un (Malem-Rhaïn) régner avec Dgezzar-Pacha à Saint-Jean-d'Acre, que ce pacha fit mutiler, mais qu'il n'osa faire mourir, car il sentait le besoin qu'il avait de lui. Mais si nous avons à citer des individus qui se sont fait remarquer, en général, la population juive au Levant est abrutie ; aussi les juifs sont-ils méprisés par les Turcs. Il faut qu'on s'occupe de relever cette nation de son abjection, car elle montre une certaine intelligence qui ne peut se développer tant qu'on la traitera comme des bêtes de somme. Leur pontife réside à Salonique (Macédoine), dans un modeste logement, entouré de synagogues avec les noms des provinces d'Espagne d'où les Juifs qui sont à Salonique proviennent, ou du moins la majeure partie. Tout le commerce de cette échelle, on peut dire, est en leurs mains. On y voit des bateaux juifs, et la pêche est une de leurs attributions par la nonchalance des Musulmans (1).

(1) Flavius Josephe a été le Tite-Live des Hébreux, et, sauf ses exagérations, on peut à peu près connaître leur histoire. Quant aux Samaritains modernes, on voit que M. l'abbé Bargès a su les dépeindre tels qu'ils sont et moins farouches que les autres Hébreux. Ils se désolent, parce que le dernier rejeton de la race d'Aaron va mourir sans postérité. Mais la branche caraïte demeure toujours la plus éclairée, et cela tient à ce qu'elle préfère l'habitation des villes où l'on perd la rudesse de la vie champêtre. Les Talmoudis que nous voyons chez nous, n'ont pris un air européen que lors qu'ils ont été obligés de se réfugier en Europe; ils durent prendre nos usages pour ne pas paraître toujours étrangers, et je crois qu'ils sont satisfaits, car ils rebutent leurs coréligionaires venant d'Orient ou de la Barbarie, les voyant toujours dans leur ancienne écorce.

Les Maronites.

Dans la nuit des temps, l'on voit que le Liban n'était qu'une forêt. Pourtant, dit l'histoire, l'un des fils de Cham vint l'habiter. Il se peupla dans la suite de vagabonds et de criminels qui s'y réfugièrent, partageant les glands qui tombaient des arbres avec les bêtes féroces, qu'ils parvinrent ensuite à détruire. Nous savons aussi par l'histoire que les Phéniciens, les Tyriens tiraient leurs bois de cette montagne; elle se gouvernait par ses lois. Au temps des empereurs grecs, sa population, qui se nommait Chivaï, reçut le nom de Mardaïte, qui veut dire *rebelle* en syriaque (1). En effet, elle ne put être soumise, et même elle recevait un tribut des empereurs grecs, et Mouavia, khalife arabe, s'obligea de le payer de son côté, pour empêcher les incursions dans le territoire de Damas.

Un abbé Marron fut prêcher l'Evangile, en 600 de l'ère chrétienne. Il convertit les Mardaïtes, qui prirent le nom de Maronites. C'est en 1200 qu'ils se rallièrent à la cour de Rome et ne s'en sont plus détachés. Dès avant cette époque, ils fournirent des secours aux Croisades, et lors de la débacle, les Croisés qui ne purent se replier sur les villes de la côte, trouvèrent un refuge dans le Liban et y bâtirent même cinq villes (2); c'est depuis lors que les Maronites se considèrent

(1) Justinien II voyant qu'il ne pouvait dompter les Libanois, leur donna, dit-on, ce nom, injurieux il est vrai; mais cela prouve qu'ils avaient de l'énergie et savaient conserver leur indépendance.

(2) L'une se nommait Angers, et, devenue village, elle est connue sous le nom d'Angiar.

comme Français, parce qu'il y eut des mariages entre les deux nations et que les descendants de ces Croisés sont demeurés sur les lieux.

Saleh-el-Din (Saladin) attaqua la montagne, mais il ne put prendre que quelques châteaux. Au reste, les Maronites n'étaient pas les maîtres de toute la montagne ; ils n'en occupaient que le centre et le revers dans l'est, à partir de Zalhé jusqu'à Hasbeya, ce qui les avoisinait de Damas et de la frontière de la Palestine. Dans le midi, sur le revers donnant sur la Méditerranée, il y avait les Druzes ; dans le nord, depuis Apheca, habitaient les Métualis, dont les possessions dans l'est s'étendaient jusqu'à Balbeck. Il fallut un homme hardi comme Fark-el-Din (Facardin) pour réunir toute la montagne sous son commandement ; il en vint à bout.

Fark-el-Din était bien druse de naissance, mais le voyage qu'il fit en Italie le rendit chrétien dans le cœur ; ses successeurs le furent secrètement. La postérité des Maân allant finir, on maria une fille du dernier émir Maân avec un émir de la famille Chaâb, maronite. A la mort du dernier Maân, l'émir Chaâb prit le commandement du Liban, et l'autorité rentra au pouvoir des Maronites, qui l'avaient anciennement, quand leurs émirs résidaient dans le Kesrouan (Castravan).

Amurat IV put obliger le Liban à payer tribut, en 1631 ; et, dans la suite, on s'en tint des deux côtés à ce traité. Il était seulement convenu de plus, pour que les Sultans conservassent un droit de suzeraineté, que l'émir en chef recevrait son investiture de la Porte, sa vie durant, et qu'elle serait ensuite envoyée à son successeur, qui devait être le fils premier né ; à défaut, le suivant ; et n'y ayant pas de garçons, le commandement devait passer à l'oncle du côté paternel, et, à défaut, à l'oncle maternel.

Mais les émirs catholiques sentirent qu'il leur fallait toujours l'appui d'une grande puissance. C'est probablement par l'entremise des papes que la France se déclara la protectrice de la montagne (1). Déjà nos missionnaires y avaient fondé des maisons. Ceci se rapporte à 1600 ; il y avait déjà un traité entre la France et la Porte, puisqu'il date de François Ier. Les premiers missionnaires furent jésuites ; les Capucins et les Carmes-Déchaussés vinrent ensuite. Les Franciscains de Terre-Sainte se présentèrent plus tard, car ils avaient besoin d'un refuge, en cas de troubles à Jérusalem, et ils bâtirent un grand couvent à l'Arizza, dans le Kesrouan, que nous nommons le Castravan, la plus belle contrée du Liban. Les religieux ne voulurent pas seulement enseigner la doctrine aux Maronites et autres catholiques de la montagne, ils leur apprirent également le français ou l'italien (2). C'est de ces écoles européennes que sont sortis les interprètes des consulats de Syrie, les censaux, les commis, les magasiniers de nos établissements commerciaux dans cette province où nous faisions un très-grand commerce par la richesse de son sol. L'aménité de nos missionnaires adoucit le caractère national, et l'on dirait qu'une partie de l'Europe s'est transportée dans le Liban. Les Jésuites viennent de rentrer dans le Liban, sous le patronage des émirs. On y envoyait un temps les élèves interprètes pour les fortifier dans l'arabe (3), et ensuite ils n'eurent plus cette destination, par je ne sais quel motif, si ce n'est par une économie mal entendue ; j'ai déjà

(1) On trouve les lettres de protection de Louis XIV dans le voyageur de La Roque, et il doit y en avoir de précédentes. J'en ai vu, du temps de Louis XV, en mains, des religieux maronites qui habitent le monastère placé sur le promontoire auprès de Nahr-el-Kelb,

(2) Après les Jésuites, vinrent les Lazaristes, non moins zélés.

(3) Les élèves allaient au collége maronite d'Ain-Wuarka, dont la situation est très-agréable et très-salubre.

agité la question dans une notice qui a été insérée dans le bulletin de la *Revue d'Orient* d'août 1856, page 168. Je propose aussi que l'école de Constantinople soit rétablie, car c'est là que nos interprètes allaient se fortifier dans la langue turque et ensuite on les faisait passer dans le Liban pour compléter leurs études dans la langue arabe.

Sous le gouvernement de Louis-Philippe, la France n'ayant plus voulu se mêler des affaires de la montagne, les émirs qui avaient le commandement, se voyant menacés par les Druses qui se rangèrent du côté des Turcs, prirent le parti de se retirer. — La Porte profita de cette circonstance pour incorporer ce pays-là dans l'empire ottoman. Les catholiques libanois en sont au désespoir; ils espéraient qu'on s'occuperait d'eux lors du traité de paix, et il n'a été question que des provinces grecques du Nord. Pourtant le Liban se trouvait sur la même ligne, quant aux droits du Sultan, celui-ci n'étant que suzerain des provinces précitées du Liban (1).

(1) La *Revue de l'Orient* va publier, dans un prochain numéro de son bulletin, une notice sur le mont Liban, dans laquelle je me suis étendu pour bien faire connaître l'état des populations de cette montagne et le rôle qu'y joue la nation maronite qui y est la plus nombreuse, la plus éclairée; qui eut pendant plusieurs siècles l'autorité en chef que les Druses leur ravirent un temps, et qui, depuis 1700, leur était revenue et dont ils ont profité pour améliorer le sort du pays, parvenu à un état très-florissant, sous l'administration des émirs de la famille Chaâb, maronite. L'émir qui commande aujourd'hui le nord de la montagne est bien de la même famille, mais il n'est plus que l'agent du pacha de Beyrouth.

Je rappellerai ici ce que je dis dans ma notice, pour prouver l'attachement de la cour de Rome aux Maronites du Liban. En 1625, Urbain VIII écrivit au patriarche Jean: « *Patres nostros dixit : decorem Carmeli, gloriam Libani et monte* « *Sion.* »

Quant à Napoléon Ier, devant les murs de Saint-Jean-d'Acre, il ne s'exprima non moins affectueusement, devant la députation maronite, en lui disant : « Les Maro- « nites sont français d'un temps immémorial. »

Les autres Chrétiens rayas en Orient.

Nous ne ferons que dire un mot des petits peuples d'Orient en Asie, aujourd'hui fort réduits, qui se sont attachés au Saint-Siége, à diverses époques, en partie, toujours étant question de la partie Turquie. — Nous voulons parler des Chaldéens, peuple primitif; des Anabaptistes, des Nestoriens, des Suriens, des Jacobites, excepté les Cophtes et généralement es Latins du pays. Les Jasides sont demeurés des chrétiens vagabonds et pillards.

Les Chaldéens et les Anabaptistes sont en majeure partie sur l'extrême frontière de la Turquie, du côté de la Perse; il y en a en Mésopotamie, et ils sont en petit nombre en Syrie où on ne les rencontre qu'à Alep et à Jérusalem; n'ayant point d'église dans cette dernière province, ils vont aux nôtres, du moins ceux catholiques.

Les Nestoriens sont encore assez nombreux en Mésopotamie, ayant un patriarche qui réside tantôt à Bagdad, tantôt à Massab. Nestorius les rendit chrétiens. En Syrie, ils n'ont qu'une église à Alep. En général ils sont demeurés dans le schisme.

Les Suriens sont répandus dans l'Asie Mineure; ils ont un patriarche qui réside ordinairement à Alep; mais comme le Liban offrait plus de sécurité pour le culte, cette nation y a fondé ses principaux établissements religieux, ses collèges, une imprimerie, qui est la seconde dans la montagne; car les Maronites en ont aussi une; mais les deux n'impriment que des livres ascétiques, soit en syriaque, soit en arabe.

Jacoub-el-Bardaï fit beaucoup de prosélytes, et ses disciples prirent le nom de Jacoubites, dont nous avons fait celui de Jacobites. On les confond avec les Suriens qui ne forment qu'une branche ; l'autre branche est demeurée avec le nom de Jacoubites dits non-unis, parce qu'ils sont restés séparés.

Les Cophtes, dont le nom est Coubt, sont de la secte d'Eutichès ; ils sont nombreux en Egypte et rares ailleurs. On en voit quelques-uns à Jérusalem où ils viennent par dévotion, ainsi que des Abyssiniens, des Ethiopiens et des Nubiens catholiques. Il faut aller à Jérusalem pour voir cette réunion de tous les peuples chrétiens, des musulmans et des hébreux de toutes les sortes. C'est vraiment la ville centrale du monde, comme on l'a dit.

Le Saint-Sépulcre reçoit les chrétiens de toutes les communions, et ils y prient sous la protection de la France ; car cette puissance seule a la protection des lieux saints, à partir de Charlemagne, ce qui a étendu si considérablement le nom français dans tout l'Orient.

Par Latins, au Levant, on entend les chrétiens du pays qui suivent notre rit ; ils sont nombreux en Palestine. Ces Latins sont protégés par les R. Pères de Terre-Sainte, qui leur accordent même leur pavillon pour naviguer dans la Méditerranée. Bien que les capitulations ne fassent pas mention de ces privilèges, pourtant les autorités turques ne disent mot ; c'est ce qui augmente la jalousie des Grecs. — Il est certain que si la Terre-Sainte ne trouvait pas un appui dans les catholiques dits Latins, nos religieux ne pourraient aller d'un lieu à un autre sans une escorte turque, ce qui leur coûterait beaucoup. Les Arabes se montrent souvent sur les routes ; les moines se font accompagner par des coréligionaires qui, bien armés, en imposent aux brigands, et nos religieux arrivent heureusement sans bourse délier. J'ai remarqué que ces chrétiens dits Latins sont très-pieux et en même temps très-braves ; les Arabes le savent et n'osent pas les attaquer. Les Béthlémiens sont renommés pour leur courage.

Les Métualis.

Les Métualis, comme je l'ai déjà dit, occupaient le nord du Liban. Ensuite, devenus plus nombreux, ils furent s'établir dans le territoire de Sour (l'ancienne Tyr) et sur la frontière de Palestine. Dgezzar-Pacha les attaqua dans ces deux dernières positions et les rejeta dans la plaine de Beqâa où ils sont encore, mais en petit nombre, car la peste a fait de grands ravages parmi eux.

Leur nom provient d'un capitaine nommé Métuali, qui fut leur chef. C'était, dans l'origine, un ramas d'Asiatiques qui, ayant quitté leurs drapeaux, se rallièrent sous celui de Métuali.

Ils composèrent une religion à eux : 1° le Coran comme livre divin ; 2° Mahomet, successeur de Jésus-Christ ; 3° ils admirent les commentaires d'Ali. Pour tout le reste, ils n'en veulent pas entendre parler.

Tous les peuples sont considérés par eux comme infidèles, et comme ils y comprennent les Turcs, ceux-ci les ont en horreur.

Ils ne connaissent point la loi de l'hospitalité, si répandue en Orient ; ils sont sanguinaires et pillards. Comme ils sont exacts à payer le *miri* (droit territorial) du pays qu'ils occupent, le gouvernement turc les laisse tranquilles ; mais cela ne fait pas la sûreté de la plaine de Beqaâ ni de la ville de Balbeck, qu'ils ont affermée du pacha de Damas. Quand un voyageur va visiter Balbeck, on le rançonne. Ce désagrément ne m'est pas arrivé, car le soubachi ne se trouvait point sur les lieux, et pour traverser la plaine, en allant et au retour, j'avais une bonne escorte, qu'il convient toûjours d'avoir, tant que cette exécrable population occupera le pays. La Porte pourrait renvoyer les Métualis en Perse, car ils sont la majeure partie originaires de cette contrée, et on leur substituerait les Maronites, qui ne demandent pas mieux que d'arriver de ce côté jusqu'à l'anti-Liban, afin de le posséder en entier (1).

(1) Il est d'autant plus à désirer que la Porte prenne un parti prompt à l'égard des Métualis, soit de les renvoyer, soit de les mettre à la raison pour les rendre dociles, que, dans l'état actuel des choses, par esprit de vengeance et de haine envers les Maronites, qui n'ont plus un pouvoir imposant, lorsque le pays qu'ils occupent est limitrophe de la vallée des cèdres, ils peuvent, lors d'une nuit obscure, venir abattre ces arbres séculaires à coups de hache, pour faire de la peine à cette nation, et ce qui serait une perte irréparable qui affecterait aussi les autres peuples chrétiens.

Les Arabes.

Dieu promit à Agar, qui se désolait sur le sort de son fils Ismaël, renvoyée avec son enfant de la maison d'Abraham par la naissance d'Isaac, qu'il serait le chef d'une grande nation. En effet, ce fils naturel d'Abraham se trouva à la tête de douze grandes tribus arabes, l'un des premiers peuples du monde connu. Ces douze tribus furent les dotations des douze enfants qu'il laissa après sa mort. L'Arabie a eu sa célébrité, et nous en parlerons suivant ses phases. Elle a marqué surtout par le législateur qu'elle a donné qui a répandu le nom arabe dans toutes les parties du globe.

Nous allons diviser l'histoire des Arabes en trois parties : 1° depuis Ismaël jusqu'à Mahomet ; 2° depuis Mahomet jusqu'au gouvernement turc ; 3° depuis ce gouvernement jusqu'à nos jours (1).

La vie primitive des Arabes a été errante et pastorale. Dans les vastes plaines de sable des trois Arabies, ils allaient d'oasis en oasis pour s'y reposer et y cultiver assez de terres pour fournir à leurs besoins, à ceux de leurs chameaux, de leurs chevaux (2) et de leurs troupeaux. Il paraît que dans diverses localités, ils trouvèrent des animaux dont ils avaient besoin et qu'ils en multiplièrent les espèces. Avant de se procurer les produits des champs, les palmiers venaient à leur secours ; la chair des dattes leur servait de nourriture et le noyau entrait dans celle des chameaux et des chevaux ; quant aux

(1) L'ouvrage le plus récent sur les Arabes est de M. Caussin de Perceval, savant orientaliste,

(2) C'est le pays où il y a le plus de chevaux et les races les plus estimées.

troupeaux, il devait y avoir assez de verdure dans les oasis, puisque l'eau devait s'y trouver pour les abreuvoirs des bêtes féroces et des reptiles qu'on y voit encore. La seconde nourriture des hommes était le laitage, et par leur sobriété, ils regardaient tout le reste comme superflu. Voilà, en peu de mots, comment ont vécu les peuples du désert et comment ils ont pu arriver jusqu'à nous, avec la pureté de leur langue; quoique leur éducation ait un peu changé.

Ce qu'on peut dire encore des Arabes, en se rapprochant des premiers siècles de notre ère, que, s'ils étaient grossiers, ils surent pourtant élever des villes, non dans notre genre, mais dans le genre oriental, qui est toujours le même dans les petites villes, c'est-à-dire un rez-de-chaussée tout autour d'une cour ombragée par des dattiers ou par un platane. Il est rare de voir une maison avec un premier étage, et cet usage n'existe que dans les grandes villes. Les Arabes ont commencé par bâtir sur la mer Rouge, dans leur partie, et ensuite sur la mer des Indes et dans le Golfe Persique, dès qu'ils ont eu quelques relations avec l'extrême Orient. Leur marine ne consistait que dans de petites barques allant côte à côte. Il paraît qu'ils ne surent pas tirer parti du voisinage des Phéniciens, qui avaient fondé des colonies dans la mer Rouge, si ce n'est pour se servir de leurs navires, plus en état. Les Hébreux eurent au moins le bon esprit de se servir des pilotins phéniciens. C'est dans la suite que la marine arabe a pris de l'essor, et nous en parlerons dans la période suivante. — Les historiens ne disent pas qu'Alexandre ait subjugué ce peuple; mais les Romains s'en sont vantés pour n'avoir occupé que la lisière.

Mahomet, tenant à une famille distinguée, parut sur l'horizon ; il avait pris dans ses voyages une idée de l'Asie et de l'empire grec dans un état de troubles ; il fit alors son plan de donner une religion nouvelle aux Arabes, qui étaient alors idolâtres, pour se servir ensuite d'eux afin de fonder l'empire arabe. Etant illettré, mais avec une imagination vive, il dicta à un papas et à un rabin le Coran, dont le fond est pris dans la Bible et l'Evangile, et introduisit tout ce qui pouvait séduire les Arabes par les sens; il publia ce livre comme venant de Dieu. Sa première femme l'aida beaucoup en allant d'une maison à l'autre pour dire que son mari était inspiré. Ceux qui y crurent se rangèrent de son parti; ceux qui n'y crurent pas y furent contraints par les armes C'est pourquoi Mahomet se mit à la tête d'une armée considérable, qu'il s'en vint à Damas et à Jérusalem. De retour à la Mecque, il y mourut, et ses généraux se partagèrent son empire, prenant le titre de khalifes; ils étaient au nombre de quatre : Abou-Bekir, Osman, Omar et Ali. Deux d'entre eux ajoutèrent leurs doctrines au Coran, ce fut Omar et Ali ; le premier, voyant dans Mahomet quelque chose de divin, et le second ayant voulu faire croire que la divinité était aussi incarnée en lui, les sectaires du premier prirent le nom de *Scheïtes*, et ceux du second nous sont connus sous le nom de *Sumnis.* Dès lors, il se forma une grande division dans les musulmans qui existe encore (1).

Les Arabes, en se répandant du côté de la Perse, y gagnèrent de l'instruction. Il en fut de même en occupant l'Egypte. Ce qu'on reproche à Omar, qui commandait dans cette partie, c'est d'avoir brûlé la bibliothèque d'Alexandrie. Du côté de la Syrie, on s'en prit aux hommes. Les Grecs et les Hébreux qui ne voulurent pas embrasser l'islamisme furent réduits à l'esclavage. C'est Omar qui fit rebâtir le temple de Salomon, mais pour en faire une mosquée. — Les premiers khalifes ayant obtenu des succès sur tous les points qu'ils attaquèrent,

(1) Les Turcs se sont rangés sous la bannière d'Omar et les Persans sous celle d'Ali.

s'y montrèrent avec la rudesse de leur caractère. Le Coran ne les avait pas civilisés, et ce fut par le contact avec des peuples moins barbares qu'ils perdirent leur férocité pour devenir plus humains et goûter le charme des lettres.

Mouavia fut le premier khalife qui, ayant établi le siége du khalifat à Damas, ouvrit les portes de cette ville aux poètes ; mais Valid n'eut pas les mêmes sentiments. Ils reprirent naissance sous Al-Manzor et Aron-Urrachid, qui eut pour successeur son fils Al-Maman, qu'on peut classer au nombre des savants de cette époque.

En même temps que les Arabes, auxquels nous donnons à cette époque le nom de Sarrasins, portaient leurs armes d'Afrique en Espagne, en Italie et jusqu'à Tours, ils édifièrent en Asie Bagdad, Bassora, Coufa, transférant le siége du khalifat d'une ville à une autre, afin que toutes jouissent de la présence du khalife et de ses munificences.

Les savants se trouvèrent protégés partout; on vit les sciences se répandre. On s'occupa de mathématique, d'astronomie, de médecine, d'algèbre. On croit leur devoir la chimie; on leur accorde aussi l'invention du papier, de la poudre inflamable, de la boussole, etc. Quant à la boussole, il est certain que les Arabes faisaient des voyages de long cours ; ils prétendent même qu'un Raïs-Khalil a été le premier à découvrir le détroit de Baring.

Nous en sommes à la seconde période, et c'est dans celle-là que les Arabes se sont montrés éclairés, pour remplacer Athènes et Rome qui n'existaient plus.

Mais le règne des lettres ne put se maintenir en Asie. Les khalifes tombèrent dans la mollesse, et les Turcs en profitèrent pour détruire leur puissance. Les Arabes qui ne voulurent pas subir le joug, se replièrent sur leurs oasis et ils reprirent leurs anciennes habitudes, qui les ont rendus encore barbares.

On les divise aujourd'hui en trois classes : 1° en nomades, ce sont ceux qui occupent l'intérieur de l'Arabie ; 2° en Bédouins cultivateurs ; 3° en sédentaires, ce sont ceux que l'on voit fixés dans les villes et villages. La population actuelle de la Palestine est composée en majeure partie de ces derniers. Les Arabes citadins, on peut le dire, ne sont pas *brigands ;* mais les autres deux classes le sont et l'on doit se méfier de l'une comme de l'autre. La seule vertu que les trois classes aient conservée c'est *l'hospitalité*, ce qui remonte aux temps les plus reculés.

Quand l'on cause avec un Arabe qui paraît sensé sur ces deux points, il vous dit que, pour le premier, c'est par *nécessité,* ce qui peut excuser les nomades ; que quant au second, c'est par *humanité*, puisque nous sommes frères ; mais les autres campagnards ne peuvent arguer de la nécessité, et c'est plutôt par un caractère national, depuis l'époque que tous dans les déserts devaient vivre de rapine.

Le ouhébisme, dont nous avons fait le mot *wéchabisme*, ayant fait de grands progrès dans toutes les Arabies, ses habitants sont devenus moins fanatiques en écartant le mahométisme et ne reconnaissant d'autre divinité que celle de Dieu, il sera donc plus facile aujourd'hui de rendre les Arabes de l'intérieur plus traitables, si on ne peut les remettre au temps de leur illustration. En éclairant ceux des villes, ceux-ci iront ensuite éclairer ceux des oasis. Rassurés sur le compte des Turcs, on pourra ramener une population nombreuse, car on compte aujourd'hui soixante-et-douze ou soixante-et-quatorze tribus habitant le désert, qui, certes, n'ayant plus à craindre d'être oppressées, viendront repeupler leurs anciens pays, l'Arabie Heureuse et l'Arabie Pétrée, où les faibles populations qui y sont se trouvent toujours sur le qui-vive, — laissant à quelques bergers le soin de garder les oasis de l'Arabie du désert par souvenir qu'ils furent leur refuge en diverses circonstances pour conserver leur nationalité, ayant pour rempart des sables infranchissables, ils se sont acclimatés aux chaleurs tropicales, comme un autre don de la nature, pour les préserver de toute atteinte. Au reste, je crois fort que les Arabes prendront le parti de se rapprocher des autres peuples, car ils ont de l'intelligence et d'ailleurs ils y verront un bien-être dont ils ne jouissent pas certainement dans leurs solitudes, ou du moins on le leur rendra palpable (1).

(1) L'Arabie Pétrée, dans le nord, arrivait jusqu'au pays des Moabites; ensuite venaient les Madianites, les Nabusséens; tous ces pays tombèrent dans la suite au pouvoir des Arabes. Ils avaient pour port Al-Akaba; des ruines attestent encore qu'il existait des villes considérables. Le nom de Pétrée se rapporte à ce qu'il y a des chaînes de montagne; mais ce pays est cultivable en plusieurs endroits, et ce qui prouve qu'il était productif, c'est que, du temps des Hébreux, il y avait une nombreuse population qui s'est fondue, comme on le voit, en Palestine et dans bien d'autres lieux de l'empire ottoman. D'ailleurs, les Arabes, ayant été inquiétés par les Turcs, se réfugièrent dans l'Arabie Déserte, qui forme aujourd'hui leur empire.

Les auteurs considèrent l'Arabie comme ayant été une île annexée au continent par les sables qui comblèrent la séparation du continent, quand les eaux de la mer se retirèrent, après le déluge. Les sables qui demeurent sur le plateau sont un témoignage de sa submersion et qui a dû durer plus que sur les autres parties du globe. On est du même avis que l'Afrique a dû être une île et que les eaux de la mer ont aussi séjourné longtemps dans son centre. A ce compte, l'Asie devait être separée de l'Afrique par le canal dit de Suez et cette séparation était donc dans l'organisation primitive du monde. Probablement qu'en creusant le nouveau canal, on trouvera le lit de l'ancien bras de mer qui réunissait la mer Rouge à la mer Méditerranée, si comme le disent les auteurs, tout le globe était transformé en îles à l'époque de la création.

Nous empruntons le passage suivant à Niébuhr :

« On rencontre, sur toutes les côtes (de l'Arabie) que j'ai parcourues, des indi-
« ces que la mer s'est retirée. Maza, que tous les anciens auteurs disent avoir
« été un port de l'Arabie Heureuse, en est éloigné aujourd'hui de plusieurs lieues
« d'Allemagne. On voit près de Lohna et de Djedda, de grandes collines revêtues
« de corail. Les environs de Suez sont couverts de pétrifications et de coquillages.
« Il y a donc quelques milliers d'années que le golfe d'Arabie était plus large et
« s'étendait plus vers le nord, surtout le bras qui a sa direction vers Suez. »

Tout cela coïncide à l'idée que les deux mers furent jointes un temps.

Je ferai connaître mes impressions sur les sables de l'Arabie, quand je fus sur la lisière du midi de la Palestine, et je dirai aussi un mot sur la race chevaline.

Je me rendis sur un point culminant pour observer la vaste mer de sable qui se déroulait sans fin devant mes yeux, éblouis d'une nature aussi nue et bien différente de nos pittoresques contrées. Au loin, dans ces profondes solitudes, on voyait pourtant quelques Arabes fendre les airs avec leurs légères cavales. — Les Arabes disent que leurs chevaux *ithirun* (volent) et que le climat du pays aide beaucoup à leur fougue. Aussi les coursiers de l'Arabie sont-ils admirables pour leur beauté et par la vivacité de leurs mouvements, ce qui les rend incomparables. Le cheval est le compagnon de l'homme, dans l'Arabie, et l'un affectionne l'autre au point qu'un Arabe ne se défait qu'à regret d'un animal qu'il regarde comme son sauveur dans un péril et une richesse pour lui (1).

(1) Les mœurs des Arabes sont exactement décrites par le chevalier D'Arvieux, qui a fait un long séjour chez eux. L'ouvrage pour être ancien n'a pas moins un mérite incontestable.

Les Anssariés et des Druses.

ANSSARIÉS.

Danville est celui qui s'est le plus rapproché du véritable nom des Nesseris en les nommant Nassoris ; ils sont originaires de Perse, nommés alors Ismaéliens, et vinrent habiter les montagnes depuis Lattaquié jusqu'à celles devant Tortose; ils s'arrangèrent, à ce qu'il paraît, avec les Jessides (1), qui avaient leurs châteaux dans les montagnes les plus au nord, allant aboutir au territoire d'Antioche. Volney a écrit leur nom par Ansariés, probablement pour se rapprocher de celui qu'on leur donne actuellement en Europe. Dans le moyen-âge, ils figuraient sous la qualification d'assassins, parce qu'ils se dévouaient pour aller poignarder les princes qu'on leur signalait, tant en Asie qu'en chrétienté. On trouve leur histoire dans la bibliothèque orientale d'Assemani. Cette nation est divisée en quatre sectes : les *Chamsiés*, adorateurs du soleil ; 2° les *Clissiés*, adorateurs de la lune ; 3° les *Garbiés*, qui reconnaissent un dieu créateur, mais absent et par là inconnu ; 4° les *Chemcliés*, qu'on accuse d'adorer la matière

(1) Si je n'ai point parlé des Jessides comme corps de nation, c'est que le nombre en est fort réduit et qu'ils passent aujourd'hui pour Nesseris. Ils ont pourtant fait bien du bruit un temps, surtout à l'époque des Croisades. Pour mettre un terme à leurs brigandages, on fut obligé de les assiéger dans leurs châteaux et de ne leur donner aucun quartier. Ce fut ainsi qu'on réduisit ce peuple barbare. Leurs châteaux ont été démantelés pour ne pas servir de nid à d'autres barbares.

et n'ayant pas d'autre divinité. Les musulmans ont en horreur ces quatre sectes, et comme les deux dernières sont encore plus méprisées par eux, ils les nomment kelbiés (chiens), les voyant assez unies et dans des positions encore plus idolâtres que les deux premières.

Quant aux Chamsies, qui est la secte la plus nombreuse et dont les villages viennent jusqu'au terroir de Lattaquié, j'ai eu occasion de les fréquenter, mais sans avoir des informations précises de leur part sur leur religion. Ce que j'ai vu de mes yeux, c'est qu'ils se lèvent de grand matin pour assister au lever du soleil et font leur prière dans le genre des musulmans. On peut dire que, dans leurs pratiques, il y un mélange de toutes les religions, et on les accuse d'une scène nocturne obscène qu'ils ne veulent pas avouer et qu'on m'a assuré être véritable.

Les Nesseris ne vont plus assassiner les princes, mais ils sont encore sanguinaires, dans leurs montagnes ; ils n'épargnent pas surtout les musulmans s'ils voyagent isolément, par esprit de vengeance.

La nation étant devenue nombreuse, depuis quelques années, il y a des émigrations. Beaucoup de Nesseris se sont transportés en Caramanie. Partout où ils vont, ils se font passer pour musulmans, étant circoncis, mais ils suivent toujours leur religion secrètement.

Il en vint un à Tripoli de Syrie avec le titre de pacha. Lattaquié se trouvant dans le pachalik, il se rendit dans cette dernière ville pour les affaires du pays ; reconnu pour un faux musulman, parce qu'il entretenait des relations avec ses parents qui habitaient la montagne, chose bien naturelle et que j'avais vue pratiquer par Soliman-Pacha de Saint-Jean-d'Acre, géorgien d'origine, quand ses frères, dont l'un papas, vinrent le visiter, — il fut assassiné par un fanatique, et la

Porte laissa ce meurtre impuni ; car alors elle n'avait pas beaucoup d'action en Syrie.

DRUSES.

L'histoire qu'on a faite que les Druses avaient pris leur nom d'un comte de Dreux, français, qui s'était refugié dans leurs montagnes avec ses gens, lorsque les Croisés éprouvèrent des revers, s'écroule devant l'historien Benjamin de Tudèle, qui en parle, sous le nom qu'ils portent, bien antérieurement aux Croisades. On a aussi dit qu'ils se regardaient comme descendants des Anglais ; mais il y a absurdité dans l'une et l'autre version. Dans les chroniqueurs, il est dit que les Croisés s'étant présentés devant le territoire des Druses, ceux-ci ne voulurent pas les recevoir, et qu'ils s'en furent alors sur le territoire des Maronites. C'est nous qui disons Druses, mais leur véritable nom est Dorzi ; il provient du fondateur de la secte de Mahomet-ben-Ismaïl, dont le surnom était El-Dorzi.

Rhakhem-B'amer-Ellah, khalife au trône d'Egypte, en 996 de Jésus-Christ, fut un homme extravagant. Prôné chez les Druses (pour nous conformer à la dénomination française), il devint leur dieu principal. On a beaucoup écrit sur les Druses, mais il n'y a point d'accord dans les auteurs, par la raison qu'ils cachent leurs livres, comme les Anssariés, sans doute parce qu'ils sont pleins d'absurdités, et qu'on pourrait éclairer les deux nations, ce qui ne convient pas à leurs prêtres.

Ce qui est patent, c'est que les Druses se tiennent à l'écart de tous les peuples ; c'est que l'hospitalité est inconnue chez eux. Si vous traversez leur pays, et que vous demandiez à boire, on vous servira, mais le vase dans lequel vous aurez bu sera immédiatement brisé. Quoique vivant à côté des Maronites et protégés par eux, par un intérêt commun, ils cherchent toujours les occasions de leur nuire. Dans quelques villages druses, des Maronites s'y étant fixés et ne leur donnant aucun ombrage, il n'y a pas bien longtemps qu'ils les massacrèrent tous, s'étant assurés d'une protection étrangère que nous ne voulons pas nommer, quoique le fait soit bien assuré. Dans cette entreprise, ils n'épargnèrent pas même un bon père Capucin qui, certes, ne leur faisait pas du tort, mais pour tremper aussi leurs mains dans le sang d'un Européen catholique.

C'est avec le concours des Maronites que les Druses ont pu se maintenir, et l'on voit qu'ils sont peu reconnaissants.

Les Druses ont été occuper le pays d'Hauran; on en trouve aussi dans le nord de la Syrie. Ils ont de l'intelligence et beaucoup de bravoure. Partout ils cultivent assez bien les terres. Ils sont sobres comme tous les Orientaux, mais plus intéressés que les autres ; ils se font passer pour turcs, comme les Anssariés, quand ils s'éloignent, pour mieux jouer leur jeu, ou du moins pour ne pas être molestés, car les musulmans abhorrent les idolâtres, par la raison que ceux-ci ne croient pas au vrai Dieu ; il est même permis de les tuer, sans que le cadi puisse sévir contre les meurtriers. L'homme de la loi vous dit qu'on compare un idolâtre à un animal et qu'il n'y a point de peines à infliger pour ce dernier délit, si ce n'est pour sa valeur, quand c'est un objet de valeur à payer à celui qui en est propriétaire (1).

On ne peut pas concevoir qu'on ait laissé l'idolâtrie régner

(1) Pour tout autre crime personnel, on peut racheter sa condamnation à mort en payant à la famille de l'individu assassiné le prix du sang, qui est réglé par des arbitres, si la famille de celui-ci y consent.

sur les bords de la Méditerranée et qu'elle y séjourne encore. Les biblistes auraient dû tâcher de convertir ces deux peuples, au lieu de s'attacher à quelques individus pris dans les villes et gagnés avec de l'argent et de belles promesses. C'est qu'ils n'osent aller dans les montagnes et n'ont pas le courage des apôtres de Jésus-Christ qui affrontaient tous les périls pour recevoir la palme du martyre.

Levantins et Européens.

Vous avez au Levant deux classes d'Européens, composées de nationaux, qui ont des traités avec la Porte, et d'autres qui, pour y résider, ou y faire un petit séjour, se mettent sous la protection d'une puissance amie. Par les capitulations entre la France et la Turquie, tout étranger n'ayant pas un agent de sa nation sur le pays, devait se mettre sous la protection de la France ou était renvoyé de l'échelle.

La première classe des Européens en résidence est celle de ceux mariés sur le pays et établis depuis longtemps, ou qui y sont de père en fils. Ces anciens habitants et les descendants sont nommés par les autres Européens *Levantins ;* mais les Turcs ne font pas cette distinction, et tout homme qui porte chapeau est nommé par eux *Franc,* c'est-à-dire *Fring*, comme ils prononcent. Anciens ou nouveaux Européens sont tous sous la juridiction de leurs ambassadeurs ou consuls respectifs.

Les Européens qui conservent leur dénomination, entre nous dans l'Orient, sont ceux qui viennent passer quelques années au Levant pour leur commerce ou pour toute autre raison.

Les Levantins sont fort utiles à ceux-ci, car ceux peu aisés leur servent d'interprètes, de commis et les mettent bien sur la voie pour ne pas être trompés par les gens du pays, pleins de fourberie, et surtout les juifs, qu'on trouve toujours sur ses pas ; ces derniers sont plus réservés quand ils vous voient avisés. Les jeunes Levantins sont aussi fort utiles aux voyageurs qu'ils accompagnent dans leurs explorations. En général, ils possèdent très-bien tous les idiomes du pays, tels que le turc, le grec et l'arabe, et la langue de la contrée à laquelle ils appartiennent; leur langue paternelle; ils ont pu l'apprendre de leurs parents ou dans les écoles européennes. Ce n'est pas une éducation complète qu'ils reçoivent, mais ils sortent de ces écoles sachant rédiger une lettre, dresser un compte, et c'est tout ce qu'il faut dans le commerce. Les langues du pays, ils les ont apprises en fréquentant les indigènes ou dans les écoles du pays. On complète souvent un comptoir par des jeunes gens du pays, pris parmi les jeunes Grecs, Arméniens ou Israélites; plusieurs de ceux-ci ont été faire leurs études en Europe, se plaçant volontiers, même gratuitement, pour se former dans la correspondance commerciale et se trouver sous la protection européenne.

Les maisons de commerce européennes, au Levant, sont toutes sur un haut pied : 1° parce qu'elles sont hors d'atteinte des autorités turques; 2° comme elles représentent une immunité, les gens du pays qui ne veulent pas faire connaître leurs moyens y versent leurs fonds, ce qui leur permet de faire des affaires considérables.

Ces établissements relèvent la considération de la nation à laquelle ils appartiennent.

Les agents respectifs sont là pour les protéger dans toutes les circonstances.

Les Européens qui sont établis au Levant, y trouveront dorénavant plus de sûreté et plus d'avantages qu'auparavant : 1° le gouvernement est devenu plus docile, il tend à devenir paternel; 2° les musulmans, quoiqu'encore ennemis des giaours (infidèles), l'ont toujours été moins à l'égard des Européens; 3° ceux-ci peuvent acquérir sans prête-nom des immeubles, et par conséquent avoir des maisons bâties à leur gré, acheter ou affermer des terres, les faire cultiver, sans crainte que l'autorité vienne enlever les récoltes comme ci-devant.

Le climat de ce pays est tempéré ; la terre est très-productive, elle ne demande qu'à être gratée pour produire. Les eaux y sont partout abondantes et salutaires. De grandes forêts vous donnent du bois et du charbon à bon marché. Tout ce qui tient à la vie animale y est également à bas prix, viande de boucherie, volaille, gibier, poisson, légumes, herbages, fruits, etc. ; les bazars en sont toujours remplis, dans toutes les saisons. Dans beaucoup d'endroits, il faut faire le pain chez soi, car celui qu'on vend chez les boulangers du pays ne peut convenir aux Européens, n'étant pas assez cuit ; mais dans les échelles, il y a des boulangers européens qui font du pain comme en Europe. On fait du vin partout où il y a des chrétiens, et s'il n'y en a pas sur le lieu où l'on se trouve, on le fait venir du voisinage ; ce vin est généreux et à bon marché. — Tout homme ayant une industrie peut aller s'établir au Levant, car il trouvera moyen de la faire valoir. — Il n'y est plus question de peste, et si, dans quelques endroits, il y règne des fièvres, on en est quitte en prenant du quinine et quelques ménagements. L'avantage de l'Orient sur l'Amérique, c'est qu'on y va en peu de jours et à peu de frais ; on en revient de même et sans traverser une grande nappe d'eau comme l'Océan. On a toujours la vue de la terre, qui est là pour vous recevoir, au besoin. On n'est plus arrêté nulle part par ces interminables quarantaines, qui, grâces à Dieu, n'existent plus ; ainsi qu'on aille ou qu'on revienne, on peut mettre aussitôt le pied sur le sol qu'on a déjà abordé.

Population de la Turquie d'Europe.

On nomme la Turquie d'Europe Roumélie. Nous n'avons pas compris la Moldavie, la Valachie, le Monténégro, attendu que le Sultan n'est que suzerain. Nous ne donnons le chiffre (en général qu'approximativement, car on ne peut avoir des données positives) que des pays faisant partie de l'empire ottoman.

Turcs[1].	Grecs[2].	Arméniens[3].	Juifs.	Catholique .
		Bulgarie.		
500,000	1,200,000	100,000	50,000	25,000
		Thrace.		
700,000	800,000	200,000	60,000	90,000
		Macédoine.		
500,000	1,000,000	2,000	50,000	2,000
		Bosnie[5].		
500,000	600,000	20,000	60,000	30,000
		Albanie.		
500,000	1,100,000	5,000	30,000	20,000
		Thessalie.		
400,000	1,000,000	2,000	10,000	6,000
3,100,000	5,700,000	329,000	260,000	113,000

[1] Nous n'avons pas séparé des Turcs les Yuruks (pasteurs originaires d'Asie) ni les Mamins, juifs convertis, car il s'agit de deux petites populations, ainsi que les Tartares.

[2] Par Grecs, nous entendons les Schismatiques, les Catholiques sont réunis à la dernière colone.

[3] Même mode adopté pour les Arméniens.

[4] J'ai réuni tous les Catholiques en une seule colonne.

[5] La Bosnie renferme des Turcs presque indépendants. Il en est de même de ceux de l'Albanie et de la Thessalie; ceux de ces deux dernières provinces sont connus sous le nom d'Arnaouts.

Population de la Turquie d'Asie.

Nous nommons la Turquie d'Asie l'Asie Mineure ; les Turcs lui donnent le nom d'Anadole, dont nous avons fait le nom d'Anatolie. La Syrie et la Palestine étant deux provinces dans le midi, ne sont connues par les Musulmans que sous le nom générique de Behr-el-Cham.

Turcs, Turcomans, Kurdes, Arabes[1].	Grecs.	Arméniens.	Juifs.	Catholiques.
Anatolie.				
Provinces de l'Ouest.				
T. 1,800,000	1,700,000	800,000	200,000	300,000
T° 400,000	—	—	—	—
K. 300,000	—	—	—	—
Provinces de l'Est.				
T. 1,200,000	1,200,000	900,000	300,000	200,000
T° 500,000	—	—	—	—
K. 200,000	—	—	—	—
A. 200,000	—	—	—	—
Syrie et Palestine.				
T. 600,000	300,000	40,000	400,000	300,000
T° 50,000	—	—	—	—
K. 50,000	—	—	—	—
A. 200,000	—	—	—	—
5,500,000	3,200,000	1,740,000	900,000	800,000

Diverses peuplades de la Syrie.

Maronites.	Druses.	Anssariés.
400,000	80,000	60,000

1 T. veut dire Turcs, T° Turcomans, K. Kurdes, A. Arabes. Tout ce qui n'est pas *Turc* se regarde comme indépendant. La Porte ne cherche qu'à recevoir le *misi* que chaque peuplade doit payer et quelques-uns restent souvent en arrière.
On ne peut donner le chiffre des Jussides, aujourd'hui répartis en petit nombre dans l'intérieur. Quant aux Métualis qui habitent la Syrie, leur nombre est aussi fort réduit.

Iles de l'Archipel

dépendantes de la Turquie

ET CELLES DU FOND DE LA MÉDITERRANÉE.

Turcs.	Grecs.	Arméniens.	Juifs.	Catholiques.
150,000	250,000	4,000	23,000	23,000

L'île de Candie est la seule de toutes celles du Levant qui font encore partie de l'empire ottoman qui soit encore assez peuplée ; celle de Chio, depuis la catastrophe de 1822, est comme déserte. Rhodes et Chypre sont aussi dans un état d'abandon. En général, la Turquie se ressent de la mauvaise administration qu'elle a eue, des guerres et des fléaux qu'elle a éprouvés.

Récapitulation générale.

Turquie d'Europe.	9,502,000
Turquie d'Asie (Asie Mineure).	12,140,000
Diverses peuplades de la Syrie.	,540,000
Iles de l'Archipel et du fond de la Méditerranée	450,000
	22,632,000

POPULATION EUROPÉENNE EN TURQUIE.

Turquie d'Euurope	Levantins.	9,000
	autres Européens .	6,000
Turquie d'Asie	Levantins.	8,000
	autres Européens .	5,000
Syrie et Palestine	Levantins.	2,000
	autres Européens .	3,000
Iles de l'Archipel et du fond de la Méditerranée	Levantins.	3,000
	autres Européens .	4,000
		40,000

Le Sultan a ordonné un recensement de tout l'empire ; il est à désirer qu'il soit fait exactement.

TABLEAU COMPARATIF

des Musulmans et des Rayas

DE L'EMPIRE OTTOMAN.

Musulmans.		Rayas.	
TURQUIE D'EUROPE.			
Turcs.	3,000,000	Grecs.	5,700,000
		Arméniens. . .	329,000
		Juifs.	260,000
		Catholiques. . .	113,000
TURQUIE D'ASIE (compris la Syrie).			
Turcs	3,500,000	Grecs	3,200,000
Turcomans . . .	1,950,000	Arméniens. . .	1,740,000
Kurdes	550,000	Juifs.	900,000
Arabes-Bédouins	400,000	Catholiques . .	800,000
		Maronites[1] . . .	400,000
		Druses.	80,000
		Anssariés. . . .	60,000
ILES DE L'ARRCHIPEL ET DU FOND DE LA MÉDITERRANÉE.			
Turcs	150,000	Grecs	250,000
		Arméniens . . .	4,000
		Juifs	23,000
		Catholiques . .	23,000
	8,750,000		13,882,000

[1] Les Maronites sont également catholiques.

Remarques sur le Tableau comparatif.

Rayas.	13,882,000
Musulmans.	8,750,000
Excédant des Rayas . .	5,232,000

Cet excédant porte surtout sur le chiffre des Grecs qui doublent la population musulmane dans la Turquie d'Europe, et qui s'attendent, dans l'occasion, à l'assistance directe ou indirecte de 4,000,000 de leurs coréligionaires faisant la population des quatre prov nces du Nord dont le Sultan n'est que suzerain.

La population musulmane est donc de. . . . 8,750,000
mais la Porte n'a pas action entière :

En Europe :		
sur la Bosnie	500,000	
l'Albanie.	500,000	
la Thessalie	400,000	3,300,000
En Asie :		
sur les Turcomans.	950,000	
les Kurdes.	550,000	
les Arabes-Bédouins	400,000	
Elle ne prend sa force réelle que dans. . .		5,450,000

L'Egypte et la Bosnie sont bien venues à son secours, lors de la dernière guerre ; mais tout le contingent ne s'est monté qu'à environ 40,000 hommes. La Turquie n'a sur pied, par l'état embarrassé de ses finances, qu'une armée de 200,000 hommes, dont partie d'irréguliers, et une marine militaire en mauvais état, qui ne peut naviguer qu'avec des matelots grecs, car les Musulmans sont de mauvais marins.

Subdivision des Européens.

Français.	1/6e	compris les Suisses et les Romains, protégés de la France.
Autrichiens.	1/6e	compris les sujets des Etats allemands qui n'ont point de représentants près de la Porte-Ottomane.
Russes.	1/6e	compris les Polonais et les Grecs naturalisés Russes.
Italiens	1/6e	Sardes, Toscans et Napolitains.
Anglais	1/6e	compris Maltais et Ioniens.
Diverses autres nations ayant des traités avec la Porte-Ottome . .	1/6e	Dans celles-ci figurent, en majeure partie, les Espagnols et les Américains des Etats-Unis[1].

[1] Nous n'avons pas mentionné les Hellènes, aujourd'hui dans la famille européenne, par la raison qu'on ne peut préciser leur émigration en Turquie, attirés par les parentés et pour les affaires commerciales. Cette émigration a porté le gouvernement hellénique à avoir des agents presque partout dans l'empire ottoman; ils remplacent les proxènes de l'antiquité que nous nommons consuls. Nous, français, nous vîmes nos premiers consulats établis au Levant dans les villes qu'occupaient les croisés et qui prirent différentes dénominations, investis du pouvoir consulaire par les Marseillais, qui avaient obtenu ce privilége. Mais les Vénitiens, les Gênois et les Pisans étaient plus anciens que nous en Orient. François Ier fut le premier qui eut un traité avec la Porte-Ottomane, et, dès cette époque, commence le rétablissement des consulats français au Levant. Qui n'avait pas de traité pouvait venir dans cette contrée sous la bannière de la France. Notre commerce, en Turquie, prit une grande extension, qu'on peut rétablir, si l'on veut profiter de la circonstance qui a amélioré la situation de ce pays.

CONCLUSION.

I.

D'après ce que je viens d'exposer sur le caractère des divers peuples qui composent la population de l'empire ottoman, on voit qu'il y a du désaccord, qu'il provient de la différence de religion et surtout du genre de gouvernement qu'il avait.

Les Turcs ont bien accordé la liberté des cultes aux Rayas, mais en s'emparant des plus beaux édifices et ne laissant que les plus petits à leurs propriétaires. Cette spoliation n'aurait pas été autant pénible que les moyens despotiques employés contre eux. Les Grecs, se trouvant encore les plus forts, ont été les plus remuants; la Porte, pour cette raison, a encore plus ménagé ses coréligionaires et surtout le corps des janissaires. Pour contenir les Grecs, elle s'est mise sous la dépendance d'une milice qui, non-seulement faisait peser sa tyrannie sur les Rayas, mais l'exerçait également sur le gouvernement qui devait se plier à toutes ses volontés. Les pachas, dans les provinces, étaient aux ordres des janissaires; quand ils n'en voulaient plus, ils les chassaient et souvent ils les massacraient. La Porte remédiait à la chose en envoyant de nouveaux sujets. Si l'état du gouvernement était déplorable, à plus forte raison celui des pauvres Rayas. Les consulats devaient leur sûreté à la garde qu'ils avaient, composée de jannissaires; et c'est cette bonne tactique qui a sauvé nos établissements, car le corps des jannissaires les avait pris sous sa protection. Enfin, le sultan Mahmoud parvint à se débarrasser de ce corps redoutable et indiscipliné. Quand il n'y eut plus de jannissaires, les consuls prirent des cawouas (gendarmes) qui reçurent leurs bâtons de service des pachas, tandis que les jannissaires au service des consulats les recevaient de leur aga (chef). Il y eut donc, dès l'époque de la dissolution des jannissaires, plus de sûreté dans le Levant; mais le gouvernement devint plus despotique. Nouvelle tentative des Grecs pour secouer le joug, et le royaume de la Grèce fut constitué, malgré tous les efforts des Turcs pour reprendre le pays; ils en seraient venus à bout sans les secours que les Français, les Anglais et les Russes accordèrent aux Grecs. Ce qui frappa le plus Mahmoud, c'est l'affaire de Navarin, où se trouvait toute sa flotte et celle de Méhémet-Ali, qui furent anéanties par quelques vaisseaux de ces trois puissances.

Le Sultan, par cette terrible leçon et par l'expulsion de la Morée d'Ibrahim-Pacha, vit bien qu'il ne fallait plus être orgueilleux envers les grandes puissances et qu'il devait les mettre dans ses intérêts, surtout la France et l'Angleterre, portées à la conservation de l'empire ottoman. On lui vit changer sa politique pour se rattacher ces deux dernières puissances; il rendit des firmans favorables aux Rayas; il prit le costume européen et le fit prendre à tous les grands de sa cour et à tous les employés; on ne conserva que le fess (bonnet), mais sans mousseline autour. Les Turcs ne peuvent avoir d'autre coiffure, attendu que, d'après la loi de Mahomet, ils doivent avoir la tête rasée, en ne conservant qu'une touffe de cheveux au sommet, par où l'ange de la mort les prendra pour les placer dans le ciel. Il forma des troupes régulières et établit la conscription. On lui sut gré de tout ce qu'il faisait, et dès lors, les grandes puissances mirent opposition à la marche des armées de Méhémet-Ali sur Constantinople. On enleva la Syrie à ce vice-roi pour la rendre à son souverain légitime; on rég a les affaires de 'Egypte, en accordant à Méhémet-Ali l'hérédité, moyennant une annuité fixée pour toujours.

Ce premier service rendu à Mahmoud lui fit comprendre qu'il avait un appui, et cela l'encouragea dans ses réformes, malgré l'opposition qu'il trouvait dans la populace qui s'était mise en place des jannissaires, soutenue par le clergé; il serait venu à bout de la maîtriser, comme il y était parvenu pour les jannissaires, sans la mort qui vint le frapper en 1839, dans un âge peu avancé.

Son fils aîné, Abd-ul-Medjid monta sur le trône ottoman. Quoique bien jeune encore, puisqu'il avait à peine seize ans, il sentit la nécesité de suivre les traces de son auguste père. Mais les Grecs ne voulaient pas demeurer sous le sceptre ottoman et agissaient toujours auprès de la Russie pour obtenir la même position faite à la Morée. Les concessions qu'exigeait en dernier lieu cette puissance auraient rendu l'explosion plus prochaine, soutenue par elle. C'est cette prévision de circonstances futures qui porta les puissances occidentales à proclamer l'intégrité de l'empire ottoman et à soutenir la Turquie dans ses démêlés avec la Russie. Les événements qui s'en sont suivis sont trop récents et trop connus pour en parler. Nous dirons seulement que nos soldats se sont montrés aussi braves sur les terres de la Tauride que sur les sables de la Lybie.

Abd-ul-Medjid s'étant engagé envers les grandes puissances européennes à bien traiter les chrétiens, ce qui entrait d'ailleurs, à ce que l'on voit, dans ses sentiments paternels envers tous ses sujets, rendit, en février 1856, un hatt-humayoun (1), d'après lequel il fait connaître ses dispositions bienfaisantes envers toutes les nations sous son sceptre ; mais on devait s'attendre à une opposition de la part des Musulmans, et le gouvernement se trouve arrêté, n'ayant pas assez de troupes pour faire exécuter partout ses ordres. Dans certains endroits même rapprochés, il y a eu des chrétiens assassinés, pour s'être livrés à la joie du nouvel ordre de choses. On attend donc que les esprits se calment, et, en attendant le gouvernement fait ce qu'il peut pour améliorer la condition des Rayas. Ceux-ci ont déja gagné de n'être plus molestés par les autorités. Quant à la populace musulmane, elle sentira ensuite le besoin de se rallier au gouvernement qui, en augmentant ses forces, peut la contraindre à exécuter ses volontés dans un but général. Lorsque le Musulman éprouvera lui-même les avantages du nouveau régime ; car sous l'ancien, souvent il éprouvait des vexations, et, s'il résistait, sa tête tombait, il comprendra qu'il vaut mieux être sous des lois équitables.

En attendant les effets du hatt-humayoun (2), je ne vois qu'un moyen de venir en aide au gouvernement turc ; c'est : 1° par l'établissement des écoles gratuites ; les jeunes Musulmans qui y entreront en sortiront avec les idées européennes ;

(1) Par *hatt-humayoun*, on entend *écrit auguste ;* mais voici l'éthimologie du mot *humayoun*, il provient du nom *humay*, oiseau fabuleux, comme le phénix des Grecs. Les sultans ayant joint ce nom à leurs titres, nous l'avons traduit par celui d'*auguste*.

(2) Le Sultan, pour montrer sa sollicitude envers les Grecs-Rayas, vient de permettre la restauration de plus de cent églises et d'envoyer 100,000 piastres à celles de Candie.

Il fallait faire aussi quelque chose pour les Latins, et le Sultan nous a rendu l'ancienne église de Sainte-Anne, à Jérusalem, que les chrétiens élevèrent au lieu même de l'habitation de la mère de la sainte Vierge. C'est d'un bon présage pour l'avenir. Puissions-nous, dans ces restitutions consciencieuses, bientôt ravoir le Cénacle, l'une des bases de notre sainte religion.

— 2° les Européens, d'après les avantages qui leur sont accordés en se répandant dans le Levant, il y aura contact; — 3° l'agriculture prenant plus de développement, ce sera le moyen d'augmenter le commerce; les affaires bientôt reviendront plus considérables pour accroître l'aisance; — 4° le percément de l'isthme de Suez va étonner les Turcs et leur donner une haute idée du génie des Européens, eux qui croient la chose impossible; ils s'en réjouiront encore plus; car un mouvement commercial encore plus étendu s'établira dans tout l'Orient. L'ancien système les portait à haïr les chrétiens rayas et autres; mais faisant un retour sur eux-mêmes, ils verront qu'il n'y a que bonheur dans l'état actuel, et que fraterniser, ce n'est pas sortir de leur croyance au Coran; car Mahomet n'a attaqué principalement que l'idolâtrie, qu'il a voulu extirper de l'Arabie, afin que les Arabes adorassent le vrai Dieu; il ne l'avait connu lui-même que par la Bible et l'Evangile, puisque ses collaborateurs furent un rabin et un papas du mont Sinaï. Il faudra que le gouvernement tienne la main à ce qu'on ne se serve plus des épithètes de *kafir*, de *giaour*, en parlant d'un chrétien ou d'un israëlite, car cela rappelle des dénominations injurieuses qui ne sont plus dans le système du jour. Les actes mortuaires des cadis ne doivent plus porter, comme autrefois, qu'un tel chrétien ou juif a *crevé*, mais qu'il est décédé. Ce sont ces expressions si souvent renouvelées qui portent le bas peuple musulman à considérer avec mépris tout individu qui n'est pas de sa religion. Quand les provinces seront bien administrées, par le langage des autorités, le peuple changera d'opinion. D'ailleurs, les hautes fonctions publiques demeurent aux Musulmans, celà doit calmer un peu l'amour-propre national.

Mais si ce peuple perd de sa présomption, il demeurera longtemps lourd, et les affaires resteront en grande partie aux mains des Grecs, des Arméniens et des juifs, plus lestes et déjà au fait du commerce. Le Turc n'était jusqu'à présent occupé que de ses terres ou de sa boutique. Partout son grand plaisir était d'être assis et de fumer sa pipe nonchalamment. Le Raya, au contraire, devait sans cesse être en course pour donner tête à tout; c'est par ce moyen qu'il gagnait de quoi vivre et même parvenait à faire fortune. Les Turcs, étant de mauvais cultivateurs, prenaient des paysans grecs pour labourer la Turquie changeant de face, nous allons voir comment les choses s'arrangeront entre les populations.

En attendant, celle qui demeure en souffrance est la nation maronite du Liban, on lui a ravi son indépendance, lorsqu'elle l'avait conservée depuis que la montagne existe. Il serait de toute justice de la lui faire rendre, au même titre que les provinces grecques du Nord, puisque le Sultan, à partir d'Amurat IV, n'est que suzerain du Liban. Il n'est pas équitable d'oublier ce mont, célèbre par ses cèdres, cité dans l'*Histoire des Croisades,* qui reçut nos premiers missionnaires et fut une partie de l'Europe transportée au Levant.

Quoique les Arabes ne tiennent plus compte du Coran, ils sont trop attachés à leurs mœurs pour espérer des innovations chez eux; mais on pourra les rapprocher de nous, surtout quand le canal de Suez sera ouvert. Ce canal va attirer beaucoup de Musulmans sur l'endroit, et le contact avec les Européens changera considérablement leurs idées, pour que le mot de *giaour* disparaisse de leur bouche et de leur Dictionnaire. C'est la Palestine surtout qui va s'enrichir de nouveau par le passage des caravanes venant de l'intérieur, qui allaient autrefois se pourvoir à Pélusium, et iront actuellement à Port-Saïd, qui doit remplacer l'ancienne ville.

II.

La Turquie peut être considérée comme le pays le mieux doté du globe. Son climat est tempéré ; elle est sillonnée de fleuves, de rivières, de ruisseaux. Elle possède des lacs considérables poissonneux. La terre est très-productive ; les arbres fruitiers y abondent. Des forêts à perte de vue se trouvent éparpillées dans l'empire (celles sur l'Euphrate (1), 80 lieues de longueur sur 6 de large de chaque côté du fleuve). Ses montagnes renferment dans leur sein des mines précieuses, comme l'or, l'argent, le cuivre, le fer, le plomb. Il y a aussi des mines de cristal de roche, de soufre, et on a découvert dernièrement des mines de charbon fossile. Les marbres de toute couleur y sont communs. La mer est très-poissonneuse. Dans la dépendance de l'Egypte, se trouve la fameuse mine d'émeraude, qu'exploitaient les anciens. Enfin, on ne finirait pas de rapporter toutes les richesses de l'Orient, tombées dans des mains nulles. Les Turcs n'ont porté leur attention qu'aux mines de cuivre de Tocat et qu'à celles de fer de la Macédoine ; de cette dernière il n'en sort que des boulets, car on ne sait le tirer en barre. Quand on aura fait comprendre au gouvernement turc qu'il peut tirer un grând parti de toutes les ressources qu'offre le pays, il est certain qu'il appellera alors des hommes compétents pour les faire valoir (2).

(1) Par le chemin de fer projeté, l'Euphrate va avoir une importance considérable, surtout la province d'Alep, qui sera l'entrepôt du côté de la Méditerranée, comme celle de Bassora du côté du Golfe Persique.

(2) Volney trouve que les arbustes de café de l'Arabie pourraient être introduits en Palestine, le climat étant à peu près égal ; il a reconnu que le cactus de cette province pourrait produire de la cochenille. Voyez que de richesses pour la Turquie, si l'on savait tirer parti de tous les avantages qu'offre son sol.

Il n'y a pas jusqu'au mont Liban qui n'ait des trésors cachés dans son sein. Méhémet-Ali, lorsqu'il voulut avoir du charbon de terre à portée, envoya un naturaliste visiter cette montagne. On trouva une mine non loin de la mer. Le naturaliste vint ensuite faire ses adieux à l'émir Béchir et lui fit compliment sur la multiplicité des mines de toute espèce que renfermait le Liban. Béchir lui répondit : — « N'en dites « rien ; car si la Porte vient à le savoir, elle m'obligera de « faire travailler à ces mines, en prenant les paysans par cor- « vée, et ces malheureux perdront ce qu'ils gagnent à tra- « vailler les terres. » Mais si le gouvernement turc était despotique dans ce temps-là, aujourd'hui il saura payer les travailleurs. On n'exploitait dans le Liban qu'une mine de fer, naturellement pour ne pas donner l'éveil auv Turcs qui auraient pu faire des efforts pour s'emparer de la montagne, en voyant ses richesses augmenter.

Il faut s'attendre au résultat qu'on espère pour que la Turquie entre dans la grande famille européenne.

III.

Nous ajouterons un article pour les sciences. Dès longtemps les Orientaux ne s'en occupèrent pas ; mais ce sera à nos voyageurs de continuer leurs recherches. Dès que la tranquillité règnera en Turquie, on pourra y voyager avec plus de sécurité et visiter les anciennes villes sans crainte d'être dévalisé et même assassiné. Les voyageurs n'ont jamais été faire un long séjour dans un lieu se trouvant environnés d'hommes farouches. Un voyageur me disait : « La barque sur laquelle je « me trouvais ayant abordé à Pompeïanopolis (Caramanie), « je débarquai et je vis une ville presque entière ; mais je re- « vins aussitôt sur mes pas, et le raïs fit mettre immédiatement

« à la voile, car il avait entendu des propos menaçants à mon égard. » Voilà la condition des voyageurs et ce qui leur faisait visiter les villes en passant. Les ruines de Balbek sont bien voisines, puisqu'elles ne sont qu'à une journée de distance de Tripoli de Syrie ; mais on arrive là pour y trouver des Métualis, les hommes les plus sanguinaires de l'empire ottoman. On se hâte de faire un tour dans la ville, et l'on s'en va avec le regret de n'avoir pu copier l'inscription étendue qui est sur le fronton du grand temple, ni de dessiner les médaillons dont cet édifice est entouré (1). Des voyageurs armés de plus de courage ont pénétré dans l'Arabie-Pétrée, et d'autres ont été jusqu'aux villes saintes musulmanes ; mais leurs détails demeurent incomplets. Il devra y avoir une exploration plus complète, et elle sera riche de nouvelles découvertes. Il y a des villes dont on possède les noms sans savoir où elles ont existé. On sait à peu près la contrée, et c'est une recherche à faire.

Une autre exploration que je conseille de faire est celle des villes musulmanes, quant à l'architecture arabe, qui a son mérite par un style particulier dans la coupe des bâtiments, l'élévation des coupoles et la hardiesse non moins remarquable des ponts à une arche pour des étendues considérables ; et quant aux inscriptions qui se trouvent sur les parois des mosquées, medercés (écoles), palais, khans, fontaines, ponts, tombeaux, etc., en caractères arabes ou cufiques et ottomans,

(1) Il est certain qu'il faut du temps aux voyageurs pour copier les inscriptions élevées ; elles sont ordinairement couvertes de ronces et de poussière. Il faut une échelle ou établir un échafaudage ; d'ailleurs, étant salies par la poussière, il faut les laver. Comment se procurer tous ces moyens sans passer quelques jours sur l'endroit ; et on évite d'y passer, même la nuit, car il y a plus de sûreté dans les champs. Vos guides, en entendant du bruit, font feu, et il n'en faut pas davantage pour éloigner les malfaiteurs. C'est donc en courant que les voyageurs visitent les villes du Levant et surtout celles de l'intérieur.

ce dernier point éclaircirait un peu plus l'histoire de l'Orient, du temps des khalifs et des Omanlis. Les Musulmans, jusqu'à ce jour, ne permettaient guère qu'un giaour (infidèle) pût s'arrêter devant un de leurs monuments ; ils y mettent une superstition qui aurait pu compromettre l'Européen trop curieux. Le voyageur se contentait de donner un coup-d'œil et de noter, rentré chez lui, ce qu'il avait vu en passant.

Bien des parties de monuments anciens se trouvent renfermées dans des maisons habitées par des Musulmans. On ne peut bien souvent obtenir d'entrer dans ces maisons, car ils objectent qu'il y a le harem (les femmes) ; plus civilisés, on pourra les convaincre qu'on ne veut pas entrer chez eux pour voir leurs femmes, mais seulement pour voir des antiquités.

Un autre avantage que procurera la civilisation, c'est que les paysans ne détruiront plus ou ne cacheront plus les médailles anciennes qu'ils auront trouvées. Autrefois, les pachas leur faisaient des avanies, en disant qu'ils avaient trouvé des urnes pleines d'or ou d'argent et qu'ils n'en montraient qu'une partie, lorsque tout trésor appartient à l'Etat. Aujourd'hui, le paysan pourra apporter les pièces qu'il aura trouvées dans son champ et les vendre, sans crainte d'être recherché par les autorités. On pourra probablement combler les lacunes qui existent dans les médailles grecques et enrichir par là la numismatique (1).

(1) Quoique nous n'ayons pas parlé de l'Egypte, nous dirons pourtant un mot sur l'expédition scientifique de M. le comte d'Escayrac de Lauture, aidé de douze savants de diverses nations, et dont l'exploration du Soudan et les recherches des sources du Nil seront des découvertes inappréciables pour la géographie et pour le commerce.

Comme ces intrépides voyageurs trouveront toute assistance de la part de Son Altesse Saïd-Pacha, cet homme éclairé qui gouverne aujourd'hui l'Egypte et veut rendre à son pays tout le lustre qu'il avait dans l'antiquité, il est certain que le voyage sera moins pénible, et qu'on portera les habitants farouches de l'inté-

Les améliorations que demande la Turquie, en outre d'une administration régulière, sont nombreuses; mais avec le temps, tout pourra avoir lieu; car, pour faire le bien des populations, il ne suffit pas de les amalgamer, on doit aussi s'occuper de leur donner une existence plus en rapport avec celle qui existe dans les pays civilisés.

Le premier bienfait qu'a éprouvé l'empire ottoman, d'après les conseils européens, a été l'extinction de la peste; après les terribles ravages qu'elle fit de 1834 à 1837, dans plusieurs localités, on se décida à établir des lazarets mieux constitués, et le fléau ne s'est plus montré nulle part.

C'est vers cette époque qu'on s'occupa aussi des tribunaux de commerce, en les composant mixtes; comme on n'avait à s'appuyer que sur le Code de Commerce français, des Européens furent appelés pour indiquer les articles et donner leur voix. Malheureusement il se présentait des contradictions avec les lois du pays : 1° dans l'intérêt de l'argent, le Coran s'y opposant; 2° dans le témoignage des Rayas, autre difficulté; 3° pour les assurances, point sur lequel le Coran garde le silence; enfin sur d'autres questions qui, toutes, mettaient dans l'embarras les juges du pays pour donner leur vote. On élabore à Constantinople un code de commerce qui lèvera toutes ces difficultés; déjà le hatt-humayoun de février 1856

rieur à voir dans ces Argonautes des hommes de paix voulant rapprocher les peuples par un intérêt commun.

Déjà M. d'Escayrac a publié un ouvrage intéressant, intitulé : *le Desert et le Soudan*. Il a affronté les sables de l'Afrique, dans l'Est, pour être accoutumé aux suffocations qu'il produit et à des privations qu'il a dû supporter avec le même courage. Puissent ses confrères résister aux peines qu'ils doivent endurer comme lui, pour avoir tous le même droit à la reconnaissance publique, lorsqu'il s'agit de courir des dangers de tous genres pour nous fournir des connaissances étendues sur une vaste contrée et résoudre le problème de la source du Nil, ce dont es anciens ne purent venir à bout.

met au niveau tous les sujets du Sultan, pour que les tribunaux ne fassent plus de distinction de secte.

Dans les pressants besoins, nous allons signaler ceux dont on doit aussi s'occuper immédiatement :

1° Des hôpitaux pour les pauvres. Les Musulmans sont reçus dans les mosquées et y sont sans soins. Les Rayas ont des hôpitaux dans quelques villes, mais qui sont la plupart mal tenus. Les Européens donnent un exemple qui n'est pas suivi ; mais les hôpitaux de ceux-ci se réduisent à ceux de Constantinople, de Smyrne et de Jérusalem.

2° Le pauvre ayant quelques objets chez lui qui ne lui sont pas pour le moment d'un besoin indispensable, trouverait commode d'aller engager ces objets dans un mont-de-piété, car autrement il doit s'adresser aux usuriers. L'institution des monts-de-piété n'existe pas.

3° Les rues sont impraticables pendant l'hiver ; on devrait pour le moins paver les principales. L'été, elles devraient être arrosées. En toute saison, elles devraient être éclairées la nuit.

4° On exigera qu'elles doivent être balayées et tout dépôt d'ordures défendu.

5° On défendra également la mactation devant les boutiques des bouchers ; il devra y avoir un local à cet effet.

6° Les charognes ne seront plus exposées devant les portes des villes, mais transportées dans un lieu retiré.

7° Les sentiers seront transformées en routes, du moins pour les grandes communications ; les ponts entretenus, et on en établira où il en faut de toute nécessité ; car lors de la crue des eaux, dans les orages, les caravanes et les voyageurs se trouvent arrêtés pendant quelques jours.

8° On endiguera fleuves et rivières dont le débordement forme des marais qui infectent les lieux environnants et y occasionne des épidémies.

9° La sûreté des routes exige une gendarmerie mobile ; la garde civique et les gardiens des bazars ne sont pas suffisants pour les patrouilles des villes, pendant la nuit.

10° On s'occupe de banques ; c'est d'autant plus nécessaire que l'intérêt au Levant est de 24 à 30 p. o/o l'an.

11° Les ports, encombrés de vase et de sable, demandent à être nettoyés. On doit généraliser les phares.

12° Les compagnies d'assurance sont nécessaires pour le pays ; car il ne s'agira plus de la ruine de particuliers.

13° Des hospices pour recevoir les enfants abandonnés.

Tels sont les points à signaler pour le moment, sauf ensuite à étendre le réseau de bienfaits qui fera revivre les populations du Levant dans des mesures à donner plus d'extension au commerce, aux arts, à l'agriculture (1), à l'irrigation des eaux, à la coupe des bois dans les forêts ; enfin à l'exploitation des riches mines en tout genre que possède l'Orient (2).

(1) Le premier tort qu'elle éprouve est dû aux moineaux qui dévorent une partie des céréales ; on devra s'occuper de les détruire.

(2) Rapportons un auteur arabe, Abdallah-Ben-El-Assa, qui, en parlant de la Syrie, se sert de cette figure : « Les biens de ce monde se divisent en dix parties ; « neuf se trouvent dans la Syrie ; la dixième est le partage du reste de la terre. » Il embrasse par là toute la Turquie, dans son enthousiasme pour son pays.

Nous ne sommes pas entré dans le détail déjà bien connu des principales productions, car il aurait fallu ajouter de nombreux tableaux commerciaux pour être explicite, et ce qui entre dans mon grand travail sur le Levant ; mais nous rappellerons ici les articles les plus importants, comme blé, orge, maïs, sésame, coton, laine, soie, cocons, tabac, fruits secs, cire, peaux, drogues, noix de galles, huile, vins de dessert, cuivre, éponges, matières d'or et d'argent.

I.

L'ISTHME DE SUEZ.

DE L'ISTHME DE SUEZ.

Le percement de l'isthme de Suez est une opération gigantesque qui fera honneur à notre siècle, aux hommes qui y ont donné leur consentement, ainsi qu'à ceux qui l'auront entrepris. C'est d'un avantage immense pour l'Europe et pour les Indes-Orientales. La Turquie aura sa large part, car c'est dans son sein qu'a lieu le canal, ce qui augmentera son débouché et lui procurera les articles des Indes à meilleur marché. C'est surtout son cabotage qui va y gagner le plus, puisque ses petits bâtiments iront trafiquer sur les côtes de la mer Rouge et reviendront avec des cargaisons de café, dont la consommation est considérable au levant, qui venait autrefois à dos de chameau, ce qui le rendait très-cher. D'ailleurs, l'Arabie fournit bien d'autres produits, et il y aura échange entre les deux pays pour un avantage réciproque.

L'ancien canal existait en deux branches : l'une allant de la mer Rouge au Nil, et l'autre de ce fleuve à Pelusium, qui florissait à l'époque que les navires pouvaient de la Méditerranée aller par les deux canaux jusque dans la mer Rouge. Ces navires devaient être d'une petite portée pour franchir le Nil et les canaux ne devaient pas avoir beaucoup de profondeur pour égaliser les eaux. On a présentement renoncé à prendre les anciennes voies ; on en est venu à un canal direct : 1° pour abréger les distances ; 2° pour amoindrir les frais. Le nouveau canal aura la profondeur nécessaire pour recevoir des vaisseaux de la plus grande portée.

M. Ferdinand de Lesseps, qui emploie tout son zèle pour l'entreprise qui fut l'objet de ses méditations dès qu'il eut mis le pied en Egypte, nourri des auteurs anciens et des études faites du temps de Napoléon Ier, nous a fait connaître, dans son premier ouvrage à ce sujet, son plan, s'appuyant des renseignements des hommes compétents, pour que rien ne vienne arrêter la marche des travaux, s'il peut surmonter les entraves qu'il rencontre en politique, lorsqu'on veut se faire ombrage d'une disposition toute commerciale et qui devrait faire crouler toute autre idée.

M. de Lesseps rapporte, d'après Hérodote, que l'ancien canal fut commencé du temps de Nicos et continué par Darius Ier ; mais que, suivant Diodore de Sicile, il aurait été arrêté par l'avis de quelques ingénieurs qui déclarèrent leurs craintes que les terres d'Egypte *étant plus basses* que le niveau de la mer Rouge, elles se tronveraient inondées. Que c'est Ptolomée II qui aurait complété l'œuvre en établissant des barrières très-ingénieusement construites. Strabon dit que le canal a d'abord été creusé par Sésostris ; il ajoute cependant que d'autres témoignages l'attribuent à Psammaticus fils et qu'il a été continué sous Darius, mais qu'il s'arrêta par les craintes qu'on lui inspira. Pline donne tout l'honneur du canal à Ptolomée II ; mais qu'il s'arrêta aux lacs amers, juste à l'endroit où on avait trouvé bien positivement que la mer Rouge était plus haute du sol de trois coudées. — Quelques auteurs, ajoute-t-il, donnent une autre raison : c'est qu'on craignait de gâter par cette communication les eaux du Nil, fleuve qui, seul en Egypte, donne des eaux potables.

Le canal fut restauré par Trajan et ensuite par Adrien.

Le khalif Omar fit restaurer le canal, qui prit alors le nom de Qolzoum, parce qu'il allait aboutir à cette ville, l'ancienne Clysma des Grecs, à l'effet de faire passer des vivres à Médine et à la Mecque ; mais il n'est pas dit, dans les historiens arabes, qu'on se soit occupé du canal de Pélusium. Cette ville était tombée de sa splendeur du moment que le grand canal n'existait plus, puisqu'elle avait perdu le transit, qui attirait beaucoup de caravanes de l'intérieur de l'Asie, et il devait y avoir eu un commerce considérable (1). Le bras du Nil fut pourtant conservé, mais on le laissa s'ensabler et il ne venait plus qu'un fil d'eau qui n'arrive plus que saumâtre, devant traverser le lac Menzaleh et n'ayant plus la force de conserver son intégrité, si les eaux de ce lac étaient douces autrefois.

Le canal de Qolzoum a existé, d'après Makrizy, écrivain arabe, jusqu'au règne d'Abou-Jufar-el-Mansour, alors khalif de l'Iraq, il le fit combler, afin que les villes saintes musulmanes qui étaient en révolte ne pussent recevoir des provisions de l'Egypte. C'est en 839 de l'hérégie, 1435 de Jésus-Christ.

Peut-être doit-on considérer le non-rétablissement du canal de Pélusium à une prescription qui découlerait du Coran, Surate XXVII, verset 62.

Il existe une relation des voyages faits par les Arabes et les Persans dans l'Inde et la Chine, dans le XIe siècle de l'ère chrétienne, texte arabe, imprimé en 1811 par les soins de feu M. Langlès et publié ensuite avec traduction, corrections et additions par M. Reinaud, membre de l'Institut et savant dans les langues orientales.

(1) Les caravanes venaient traverser la Philistine; de là la prospérité dont a joui cette contrée de la Palestine.

Nous y voyons, parmi les voyageurs des deux nations, livre deuxième *des Observations de la Chine et de l'Inde*, la traduction du recueil d'Abou-Zeyd-el-Hassan de Siraf (237 de l'hégire, 851 de Jésus-Christ. Il en vient à dire.

« On raconte en ce moment un fait dont nos ancêtres n'au-
« vaient aucune idée. Personne jusqu'ici n'avait supposé que
« la mer qui baigne la Chine et l'Inde était en communica-
« tion avec la mer de Syrie; une pareille chose eut paru in-
« croyable jusqu'à ces derniers temps. Or, nous avons en-
« tendu dire qu'on vient de trouver dans la Méditerranée
« (mer de Roum ou mer du pays des Romains) des pièces
« d'un navire arabe qui se composait de parties cousues en-
« semble. Ce navire s'était brisé avec son équipage; les va-
« gues l'avaient mis en pièces, et les vents, par l'entremise
« des vagues, avaient poussé ses débris dans la mer Khazar
« (la mer Caspienne). De là, les débris avaient été jetés dans
« le canal de Constantinople d'où ils étaient arrivés dans la
« mer de Syrie. Ce fait montre que la mer de la Chine baigne
« les îles de Syla, le pays des Turks et des Khazars; ensuite
« elle se jette dans le canal de Constantinople et communique
« avec la mer de Syrie. En effet, il n'y a que les navires de
« Siraf dont les pièces soient cousues ensemble; les navires
« de Syrie et du pays de Roum sont fixés avec des clous et
« non avec des fils. (164) (1).

« On nous a raconté de plus qu'il a été trouvé de l'ambre
« dans la mer de Syrie. C'est une des choses qui paraissent
« incroyables et dont on ne connaissait pas autrefois d'exem-
« ple. Pour que ce qu'on a raconté à cet égard fût vrai, il fau-
« drait que l'ambre dont on parle fût arrivé dans la mer de

(1) *Relation des Voyages arabes, etc.*, traduction de M. Reinaud, tome Ier, page 90.

« Syrie par la mer d'Aden et de Qolzoum (la mer Rouge). En « effet, la dernière de ces mers est en communication avec les « mers dans lesquelles se forme l'ambre ; mais le Dieu très-« haut n'a-t-il pas dit qu'il avait élevé une barrière entre les « deux mers (la mer Rouge et la mer Méditerranée) — 165 ? « Si donc le récit qu'on fait est vrai, il faut supposer que « l'ambre trouvé dans la mer de Roum (Méditerranée) fait « partie de l'ambre que la mer de l'Inde jette dans les autres « mers, de manière que cet ambre, allant d'une mer à l'au-« tre, sera arrivé jusque dans la mer de Syrie (166) (1). »

M. Reinaud, dans les notes, rapporte, pour l'article 164, que Massoudi, autre célèbre voyageur et écrivain arabe, raconte le même fait ; mais il dit que l'atterrage eut lieu aux environs de l'île de Crète, et que les morceaux ont dû passer probablement par le détroit de Gibraltar, après avoir contourné l'Asie et l'Europe (2).

Le savant traducteur, pour l'article 165, renvoie au Coran, surate XXVII, v. 62.

Il ajoute, pour l'art. 166 : Massoudi rappelle le même fait à la suite du premier, et il explique de même la manière dont le morceau d'ambre passa de la mer de l'Inde dans la mer Méditerranée (3).

M. Reinaud, par des parenthèses, a voulu éclaircir les noms des mers dont les Arabes se servent, pour aider le lecteur.

Il faudrait consulter les commentateurs du Coran, que je

(1) *Relation des Voyages des Arabes*, *etc.*, traduction de M. Reinaud, T. Ier, page 92.

(2) D'après la Géographie de Ptolomée, les Arabes croyaient que l'Afrique se prolongeait indéfiniment.

(3) *Relation des Voyages des Arabes*, *etc.*, traduction de M. Reinaud, notes, T. II, pages 46 et 47.

n'ai pas sous la main ; mais on voit pourtant que les Arabes ne confondaient pas le surate XXVII, v. 62 avec le surate XXV, v. 55. Ici il est bien question du Tigre, dont les eaux, pendant plusieurs lieues, ne se mêlent pas aux eaux de la mer. S'il y a qualification de deux mers, c'est que, chez les Arabes, les grands fleuves sont dénommés *bahr* (mer). Le sens du surate XXVII, v. 62, prouverait les craintes que, par le rétablissement du canal de Suez, les Européens ne vinssent s'emparer des villes de la Mecque et de Médine et dans l'esprit de les tenir éloignés, car on les considérait alors comme des barbares (1).

Heureusement que les temps sont changés. Il peut y avoir encore des fanatiques parmi les Musulmans ; mais le gouvernement turc, qui est actuellement éclairé, veut se mettre à la hauteur du siècle. Honneur à Son Altesse Mohamed-Saïd-Pacha d'avoir le premier donné son adhésion au percement de l'isthme de Suez ! Honneur à Sa Majesté le sultan Abd-ul-Medjid, s'il sait surmonter les intrigues autour de lui pour donner sa sanction au firman égyptien. Il doit considérer le service éminent qu'il rendra à l'Europe et le bien qui en résultera pour ses sujets, ce qui doit lui tenir plus à cœur que

(1) Nous rapportons les deux textes de la traduction du Coran par Savary :

« CHAPITRE XXV. — C'est le Tout-Puissant qui a rapproché deux mers ; « l'une d'eau douce et l'autre d'eau salée. C'est lui qui a posé entre elles une « barrière insurmontable.

« CHAPITRE XXVII, — Quel est celui qui a affermi la terre, qui a mis la source « des fleuves, qui a élevé sur sa surface des montagnes, qui a posé entre deux « mers une barrière insurmontable ? Dieu a-t-il un égal ? »

Comme il n'est pas parlé dans ce dernier verset d'une mer d'eau douce, comme dans celui du chapitre XXV. Les auteurs arabes l'ont appliqué à la mer Rouge et à la mer Méditerranée, ainsi que le rapporte M. Reinaud. — Mais Mahomet, s'il ne désigne pas les mers dont il entend parler (il ne connaissait que la géographie arabique), fait bien comprendre qu'il n'entendait rien changer à l'ordre de la nature ; il y avait une raison politique sur ce dernier point.

tout autre pensée. Il y aura une communication briève et active avec les Indes-Orientales, ce qui augmentera le mouvement de la Turquie pour devenir un centre des affaires commerciales du monde entier.

Mahomet, on voit bien, ignorait l'état du monde primitif. Il aurait su que l'opinion des physiciens, d'après la conformation du globe et les divers bras de mer qui s'avancent dans les terres, était que plusieurs continents devaient former des îles.

Nous l'avons dit à l'article des Arabes. En rapportant cette conjecture, nous avons ajouté un passage de Niébuhr, qui a reconnu que le bras de la mer Rouge sur lequel se trouve Suez, avançait davantage, dans l'ancien temps, dans les terres, ce qui prouve que les eaux de la mer se sont retirées, ou par un autre effet, comme on le voit sur d'autres points de la côte de la mer Rouge et même sur nos côtes de Provence.

Les amas de sable qui existent encore en Arabie, et qui couvrent également une grande partie de l'Afrique, sont une preuve incontestable du déluge universel, et que l'Arabie et l'Afrique étant des terres basses, les eaux de la mer se sont retirées plus tard et ont par conséquent laissé plus de sables qu'ailleurs.

D'après la configuration de l'Arabie et de l'Afrique, tout porte à croire, en voyant encore l'un des bras de la mer Rouge se présenter vers la Méditerranée, qu'il a dû y avoir une communication naturelle entre les deux mers.

Ce qui prouve que les Arabes ont une idée que divers continents étaient des îles, c'est qu'ils nomment toutes les presqu'îles, îles.

Les sables, dans les contrées que nous venons de nommer, ont un grand empire sur leur transformation. Ils vous comblent des mers; des bras de mer, des rivières. Où il y avait une plaine il existe aujourd'hui des montagnes. C'est un effet de la violence des vents du Midi. Le sable étant détaché par sa nature est soulevé facilement et transporté d'un centre à un autre, et par sa cumulation il forme des montagnes ou monticules dont je parle, qui disparaissent ou restent lors d'un autre ouragan.

Aujourd'hui on est en doute s'il a existé une rivière allant de ia mer Morte à l'autre bras de la mer Rouge, sur lequei se trouve Al-Akaba; mais comme les Arabes vous disent qu'il existait un fleuve (1) dans l'antiquité, il faut croire qu'il a été comblé par les sables. Il faudrait croire aussi que le torrent Egyptis a eu le même sort, si les Arabes ne m'avaient assuré qu'il a un autre cours (2).

En perçant l'Isthme de Suez peut être retrouvera-t-on les traces de la communication des deux mers, par un fond de coquillages et d'autres matières marines dans l'état de pétrification par les siècles qui y ont passé dessus. L'Afrique et l'Arabie remises dans l'état antidiluvien auront bien plus d'avantage dans cette partie que quand il a existé de petits canaux, par l'établissement d'un grand canal qui recevra de gros vaisseaux et rendra le commerce plus considérable dans la mer Rouge.

(1) Les Arabes nomment toutes les rivières fleuves.

(2) Cette rivière débouchait dans le golfe de Pélusium et devait être d'un grand secours aux habitants de Péluse pour avoir de l'eau fraîche en été, non compris les herbages qu'on devait tirer de ses bords. Nous avons traité de l'Egyptis dans notre ouvrage *sur les Philistins*.

II.

CHEMIN DE FER

DE LA MÉDITERRANÉE AU GOLFE PERSIQUE.

CHEMIN DE FER

DE LA MÉDITERRANÉE AU GOLFE PERSIQUE.

Nous faisons précéder nos observations sur le chemin de fer projeté de la Méditerranée au Golfe Persique par un relevé des ports d'Alexandrette et de Séleucie, d'après ce qui en est dit dans les auteurs anciens.

Le golfe d'Alexandrette se nommait Issicus; il y avait, dans le nord, les villes d'Argœ, aujourd'hui Aijas, Hiéropolis et Epiphanea; cette dernière a pris le nom de Banias. Toutes ces villes ne sont plus que des villages. Dans l'est, sont les ruines d'Issus; puis vient, au sud, Alexandria-ad-Issum, que nous nommons Alexandrette et les musulmans Skanderouna; c'est encore un village de 20 à 25 feux. En suivant les bords de la mer, vers l'ouest, sont les ruines de Myriandras et de Rhosus, où il n'y a plus que quelques cabanes de pêcheurs. Au dire de Mionnet, toutes ces anciennes villes battaient monnaie, à l'exception d'Issus, peut-être parce que nous n'en avons pas de ce dernier endroit. Les montagnes font un cercle et ne donnent passage, dans le nord, que celui connu sous le nom de Pile-Syrie. Pour entrer en Syrie par le Taurus, vous n'avez que ce passage et celui d'Amanus. — Le mont Rhosus est celui qu'on nomme aujourd'hui le cap Kansir. — Pagra, dans les montagnes, est nommée Beylan.

Séleucie est l'ancienne Picria, bâtie sur le penchant du mont Picria; le nom de Séleucie lui fut donné par Séleucus Nicanor, qui en fit une ville florissante, en augmentant son port et en y établissant sa marine militaire. — Les Croisés lui donnèrent le nom de port Saint-Siméon. — Les Musulmans, en détruisant Antioche, ont fait le malheur de Séleucie, nommée par eux Souadié. C'est depuis que son port est comblé qu'Alexandrette est devenue l'échelle d'Alep, du moins en hiver; car, en été, les marins préfèrent aller à Lattaquié, quand les navires sont à demi-chargés; car ce dernier port, par l'incurie des Turcs, va subir le même sort que celui de Séleucie.

Nous sommes dans le siècle des grandes entreprises, et si malheureusement celle de l'ouverture de l'isthme de Suez venait à échouer, d'après les entraves qu'y met une puissance européenne, par un ombrageuse politique, elle voudrait y remédier par un chemin de fer de la Méditerranée au Golfe Persique, car son intérêt est d'activer les relations avec ses possessions dans les Indes-Orientales. Nous avons déjà touché ce point dans la *Gazette du Midi* de Marseille, nº 7495, mais comme dans un journal on ne peut guère s'étendre, nous serons plus explicite ici, puisque nous pouvons parler avec parfaite connaissance des lieux, ayant passé quarante ans au Levant et nous étant transporté dans plusieurs provinces pour bien connaître les localités.

Un fait commercial non moins sérieux que le percement de l'isthme de Suez, est, sans contredit, le projet formé par l'Angleterre, d'établir un chemin de fer de la Méditerranée au Golfe Persique.

Déjà M. Chesney, alors capitaine, aujourd'hui général, et que j'eus l'avantage de connaître en Syrie, avait cru pouvoir établir une communication semblable au moyen de petits bateaux à vapeur qui auraient navigué sur l'Euphrate; mais, après un essai qui ne donna pas les résultats attendus, l'entreprise fut abandonnée.

Maintenant il s'agit d'un chemin de fer qui partirait

d'Alexandrette (Skanderouna) ou de Séleucie (Souadié) et irait aboutir à Bassora.

Le premier des deux ports indiqués offre de plus un golfe qui peut contenir des milliers de vaisseaux et l'avantage d'une abréviation du parcours ; mais la réputation d'insalubrité que les marins lui ont faite serait un obstacle sérieux, si on ne parvenait pas à le lever.

A Séleucie, l'ancien port est petit et comblé ; de plus, pendant la saison d'hiver, les navires arrivant devraient, dans les gros temps, aller chercher un refuge dans le golfe d'Alexandrette. Il n'y a de bon mouillage qu'à Beyrouth, mais ce port est trop éloigné. Le plus grand avantage de Séleucie, c'est d'être, avec Alexandrette, un des points de départ les plus rapprochés de celui d'arrivée.

Au surplus, l'insalubrité d'Alexandrette n'est pas attachée à la position de cette ville ; jamais les anciens géographes ne l'ont représentée comme un lieu malsain. A la vérité, elle est entourée de montagnes, mais la largeur de son golfe permet aux vents d'Ouest d'y pénétrer, et ce sont eux qui règnent pendant une grande partie de l'année. Si Alexandrette est malsain, c'est que des marécages factices se trouvent autour d'elle. Ces eaux stagnantes sont retenues par les beys kurdes de Beylan (petite ville au-dessus d'Alexandrette) pour y entretenir commodément leurs troupeaux de bufles. Mais que la Porte intervienne, qu'elle oblige les beys à ne pas arrêter l'écoulement naturel des eaux, et tout changera de face. Tripoli, dans la même province, par la même cause, formait le pendant d'Alexandrette. On écouta les conseils des Européens, il y a quelques annés; les marécages furent comblés, on y planta des mûriers et d'autres arbres fruitiers. Aujourd'hui, il ne règne à Tripoli que des fièvres intermittentes par le trop grand usage qu'on y fait de fruits. La population de la ville est de 20,000 âmes et celle de la marine de 4,000. Ce sont des populations qut rappellent l'ancien temps, tandis qu'à Alexandrette on n'y voit que quelques habitants avec des figures blêmes. Les agents européens n'y viennent que le jour, et le soir ils s'en vont respirer un bon air à Beylan, qui est bâti vers le haut de la montagne. Donc, puisqu'on a pu assainir Tripoli, on pourra en faire autant à Alexandrette en comblant les marais des environs de cette ville (1).

Sous le rapport de l'agrément et du confortable, rien ne vaudrait mieux que Séleucie, un des jardins de la Syrie. Ce territoire doit sa fertilité à l'Oronte, qui vient avec ses flots précipités se jeter à la mer. Les Arabes nomment cette rivière Assi (Revêche), parce que ses eaux sont toujours agitées et qu'elles remontent, suivant eux, quelquefois à leur source. De grands champs permettent d'y élever de nombreux troupeaux. Ce sera un lieu où les navires pourront se procurer abondamment des vivres. La côte est très-poissonneuse, par

(1) Les marais-pontins, dans les Etats de l'Eglise, n'existaient pas du temps des Romains, puisque c'est là qu'ils avaient leurs plus belles villas. Dans la suite, ces lieux ayant été abandonnés, les eaux qu'elles recevaient s'étant répandues dans la campagne et étant devenues stagnantes en plusieurs endroits, ont corrompu l'air. C'est ce qui arrive à Alexandrette et ce qui avait lieu à Tripoli de Syrie par la même cause, à quoi on a porté remède. On doit espérer qu'on en fera autant à Alexandrette, si l'on démontre à la Porte la nécessité d'assainir cette dernière ville pour le bien de ses habitants et pour que son port soit fréquenté, car on n'y va qu'avec terreur. J'ai vu bien des équipages se révolter contre leurs capitaines, pour les obliger d'aller débarquer les cargaisons pour Alep à Lattaquié, et non dans cette léthifère d'Alexandrette.

J'ai trouvé les mêmes marais malfaisants à Salonique (Macédoine); certainement ils n'existaient pas du temps des rois de cette contrée, qui résidaient à Pella, ville qui était située dans le centre de la plaine d'où vient le méphitisme qu'on respire à Salonique; c'est qu'alors on donnait cours aux eaux de la rivière de Vardar, quand cette rivière débordait, tandis qu'aujourd'hui on ne s'en occupe pas, et ces eaux devenant stagnantes, corrompent l'air en été.

la raison que les poissons viennent se nourrir de tout ce que rejette l'Oronte.

Lors de la première entreprise, on eut le projet de rendre la rivière navigable jusqu'à Antioche; on y aurait placé des bateaux à vapeur pour transporter les passagers et les marchandises de Séleucie à Antioche. Là aurait commencé un chemin de fer qui aurait été aboutir à Bir, qui était le point d'arrivage des bateaux à vapeur remontant l'Euphrate. Comme il y eut arrêt pour la navigation sur le fleuve, on ne s'occupa pas des autres projets, si ce n'est par nécessité, je pense; si Séleucie l'emporte dans le plan actuel, on en viendra à creuser l'Oronte, chose facile et à peu de frais, pour se donner le plaisir d'aller par eau de cette ville à Antioche. La navigation sur une rivière est très-agréable, car on n'y est point cahoté et l'on y est plus fraichement que dans une voiture, lorsque la belle saison dure neuf mois de l'année, dans les contrées du midi de la Turquie.

Un ancien consul d'Angleterre, à la résidence d'Alep, a fait bâtir un château dans le territoire de Séleucie (1); une

(1) Ce bâtiment fut pour son propriétaire la cause d'un démêlé fort bizare avec l'autorité turque. Le fait a eu lieu quand je remplissais les fonctions de consul de France à Lattaquié (8 lieues de Séleucie).

M. Barker, c'est le nom du consul anglais, parcourait souvent le pachalik d'Alep, pour satisfaire ses goûts de naturaliste et de chasseur. La poursuite des francolins (espèce de coqs de bruyère), l'attirait surtout à Séleucie, ainsi que la belle situation de cette ville au bord de la mer et un territoire très fertile.

Résolu à fixer ses jours dans un pays où il avait déjà passé tant d'années, M. Barker fit bâtir en 1822, une maison dans sa campagne dans le site le plus agréable; la maison étant vaste et d'une architecture relevée, elle prit le nom de château.

Au-dessus du premier étage on avait élevé un second étage, mais plus bas que le premier et dont les ouvertures étaient en forme d'œils-de-bœuf. Le mutsellim (gouverneur) de Séleucie, homme borné comme l'étaient tous les Turcs en ce temps-là, et qui n'avait pas encore vu de fenêtres de ce genre, se mit en tête que

compagnie de la même nation y a créé une filature de soie. Le directeur, ayant couru la côte, vit qu'à Séleucie, comme à Antioche, on y élevait beaucoup de vers à soie, mais qu'on ne savait tirer le fil ce qui donnait un grand déchet. Il établit donc sa filature à Séleucie, et elle prit faveur, car les indigènes reconnurent l'avantage que présentait le mode européen.

Séleucie offre quelques ruines remarquables, notamment celles de ses quais, vieux monuments des rois de Syrie, qui avaient fait de son port leur arsenal maritime. Il paraît que les Croisés la trouvèrent en bon état, car ils y tinrent longtemps garnison. On montre la colonne sur laquelle saint Siméon-Stylite demeura plusieurs années, se tenant au-dessus le jour et la nuit, sans crainte des orages. Aussi cette colonne est-elle en vénération parmi les chrétiens de l'endroit; il en vient d'Antioche, autant pour aller faire leurs prières au pied de ce monument religieux que pour se récréer à l'embouchure de l'Oronte, dont les bords sont enchanteurs, ils se donnent également le plaisir de la pêche.

Le petit port de Séleucie n'existait pas dans la haute antiquité, car l'on voit qu'il a été taillé dans le roc, probablement par le premier Séleucus, pour avoir la marine militaire à portée d'Antioche (1); c'est lui aussi qui a dû faire tailler les gradins qui conduisent à l'ancienne ville; ce port

le consul avait voulu établir des embrasures pour y placer ensuite des canons. Il crut devoir en donner avis au Pacha d'Alep, qui ne fut pas plus intelligent que son subordonné. M. Burker reçut l'invitation d'interrompre les travaux jusqu'à la réception des ordres que la Porte transmettrait.

Les ministres Turcs s'émurent à cette nouvelle et envoyèrent sur les lieux un capigi du Sultan. Les explications données à cet officier lui démontrèrent l'absurdité de la dénonciation, et M. Burker acheva tranquillement son château, dont les jardins qui l'entouraient pouvaient être comparés à ceux des Hespérides.

(1) Alexandrette devait être à cette époque le port marchand d'Antioche, pour ne pas encombrer celui de Séleucie.

ne reçoit aujourd'hui que des barques qui apportent des marchandises d'Egypte, de Chypres, de Caramanie et d'autres lieux de la Turquie, pour Antioche, car la population de Séleucie est bien réduite. Les retours surtout pour l'Egypte ont lieu en soie, mais comme ces véhicules, tout petits qu'ils sont, veulent se remplir, ils vont dans les calanques voisines du mont Cassins, que les Arabes nomment Djebel-Akera (Montagne Chauve (1), se pourvoir de bois. C'est, après la soie, tout le commerce du district de Séleucie par mer. Le surcroit de soie qu'on achète pour l'Europe passe à Alexandrette ou à Lattaquié, seconde échelle d'Alep. Le district de Séleucie fournit aussi du bois à Lattaquié, Tripoli et Ruad, l'ancienne Aradus, capitale de la Phénicie (2). Il s'agit non seulement de bois à brûler, mais aussi de constructions, de mâtures, etc.

Que le choix pour un port sur la Méditerranée tombe sur Alexandrette ou sur Séleucie, Antioche n'y perdra rien, car le chemin de fer devra toujours traverser son territoire aux pittoresques aspects, ce qui rendit cette ville la capitale de la Syrie du temps des Séleucides, et pour les Chrétiens, fut le premier siège du Christianisme.

Mais le plus grand avantage de cette entreprise sera pour Alep, qui, édifiée par les Arabes, avait remplacé Palmyre et Balbeck, pour les relations des Indes Orientales avec la Méditerranée, et qui commença à décheoir dès qu'on prit la

(1) C'est qu'au sommet du mont Cassins il n'y a que roc, d'où vient le nom de Chauve.

(2) Il est étonnant qu'un voyageur arabe (H. P. Lourti-il-Hadji), ait maintenu l'assertion de Volney, que l'île d'Aradus est déserte, tandis qu'elle est couverte d'habitations, non de 4 à 5 étages comme on représente les maisons dans l'antiquité, mais à un étage la plupart; presque tous ses habitants s'adonnent à la mer, et sont les meilleurs marins de la côte de Syrie.

route du Cap de Bonne-Espérance, aujourd'hui tombée au dernier rang, elle a bien besoin de se relever (1).

D'Alep, le chemin doit aboutir à l'Euphrate, dont il longera le cours, afin de trouver constamment l'eau nécessaire aux voyageurs, aux stations et aux machines.

Dans cette partie du trajet il faudra prendre des précautions convenables pour se garantir des insultes des bédouins; mais le parti le plus sûr est de traiter avec les grandes tribus, telles que les Maoualis, les Anazés et les Taïs. Quand l'on sera d'accord avec elles les petites tribus n'oseront pas bouger. C'est là le seul moyen praticable avec ces hordes de pillards. Le Pacha de Damas, quand il conduit les Hadjis ou pèlerins, de cette ville à la Mecque, ne peut, malgré les troupes qui l'accompagnent, aller et venir en sûreté qu'après avoir satisfait les tribus qu'il trouve sur son passage ; sans cette précaution il serait constamment harcelé et la caravanne risquerait d'être anéantie.

Malgré ces précautions efficaces, il sera bon d'avoir sur l'Euphrate quelques petits bateaux à vapeur armés pour courir sus aux maraudeurs qui pourraient se présenter auprès de la ligne. M. Chesney connaît très-bien les localités convenables aux stations, et saura prendre toutes les mesures nécessaires.

On ne peut traverser l'immense forêt qui borde l'Euphrate, sans se rappeler que c'est tout auprès que Ali et Mouavia se disputèrent l'empire d'Orient. Après des combats très-

(1) Pour de plus amples détails sur Alexandrette, Séleucie et Alep, on les trouvera dans la Statistique du pachalik d'Alep, par M. Henri Guys, ci-devant consul en cette échelle, et qui a pris les renseignements les plus minutieux pour satisfaire la Société de Statistique de Marseille, en 1853; l'ouvrage a été imprimé à Marseille, mais on le trouve aussi à Paris, chez M. Rouvier, libraire, éditeur de la Revue de l'Orient, rue de l'École-de-Médecine, 20.

sanglants, le dernier demeura vainqueur, et Mouavia se replia sur Damas. Les arabes qui vont roder sur les champs de bataille trouvent encore des armures de ce temps-là, de débris de pignates en cuivre, faisant partie des batteries de cuisine des deux armées. Ils trouvent aussi des monnaies d'or et d'argent. On se battit pendant cent-dix jours devant Seffin.

On parle d'un télégraphe électrique que l'on établirait dans la même direction que le chemin, ce serait un bienfait de plus pour la Syrie et un précieux moyen de communication entre l'Europe et les Indes Orientales. Puisse M. Chesney ne pas rencontrer dans ces entreprises les difficultés que M. de Lesseps éprouve pour le percement de l'Isthme de Suez, et puisse le Sultan, cette fois abandonné à ses propres inspirations, ne pas méconnaître l'avantage de ces grandes voies qui lui sont offertes pour assurer, aux frais de l'Europe, la prospérité de ses États.

Après avoir terminé mon article, nous recevons l'avis que la Porte a concédé le chemin de fer précité, à la compagnie représentée par M. Chesney. Le point de départ de la Méditerranée est fixé à deux milles environ de l'Oronte, à gauche de cette rivière. Il paraît qu'on veut parler, moi qui connais les localités, de El-Bassit, porté sur la carte du capitaine Gauttier, sous le nom de cap Possidi. Ce cap a à sa droite un enfoncement qui sert de mouillage aux navires du pays, qui vont y charger du bois provenant du mont Cassins (dit aujourd'hui Djebel-Akera), et sert de refuge aux bâtiments de la même nation destinés pour Lattaquié, lorsqu'en hiver, par la violence ordinaire des vents au Sud-Ouest, ils ne peuvent entrer dans ce port. En tournant le cap, les navires sont parfaitement à l'abri. Le Sud-Ouest est le vent dominant sur les côtes de Syrie. C'est notre mistral qui prend une autre direction en arrivant dans ces parages(1).

M. Chesney a été sur les lieux avec un bateau à vapeur nommé *Stromboli*, et veut même donner à l'endroit ce nom, pour souvenir que c'est le premier steamer qui y ait abordé. La Porte promet de rendre le port convenable, et c'est probablement par une jetée pour garantir grands et petits navires des vents du large.

La Porte payera 6 % aux actionnaires. On fait le compte que la ligne entière coûtera 300 millions. Dès qu'elle sera en activité, le Sultan aura une part dans les bénéfices, comme de raison. La convention est pour quatre-vingt-dix-neuf ans, à partir du jour que les travaux seront terminés.

Le gouvernement se charge de tenir des troupes suffisantes sur la ligne, depuis Jaber, sur l'Euphrate, jusqu'à Bassora, afin que les convois ne soient pas inquiétés par les arabes du désert. Le tronçon du chemin de fer qui partira d'El-Bassit ou Stromboli, ira aboutir à Jaber.

On voit, par ces détails, qu'il n'est plus question de donner pour port sur la Méditerranée, au chemin de fer, Alexandrette ou Séleucie, du moins pour le présent. Il est certain qui si l'on abrite bien l'anse de Bassit, on y sera

(1) Avec tous les avantages qu'accorde la Porte, on doit la porter à augmenter le nombre de phares qu'elle fait élever pour faciliter la navigation de nuit sur les côtes ottomanes. Un steamer anglais de 1000 tonneaux n'aurait pas péri dernièrement en voulant, de nuit, gagner le mouillage d'Alexandrette, sur le cap Ziaret (dit en provençal, *linguo de bagasso*, parce qu'il est plat) s'il y avait eu un phare. C'est de nécessité, soit pour atterrer à Lattaquié, soit pour prolonger la côte dans le nord, tout comme il en faudra un sur le cap Possidi (Bassit) et sur le cap Kansir pour entrer dans le golfe d'Alexandrette. Les courants, sur la côte de Syrie, dans les temps orageux, vous portent sur la terre; il faut donc, de nuit, y avoir des signaux pour vous en écarter autant que possible, et ne vous approcher du point où vous voulez aller mouiller que s'il est abordable. Le golfe d'Alexandrette le sera toujours quand il y aura un phare sur le cap Kansir.

en sûreté. La campagne de Séleucie fournira des vivres, et l'on trouve sur les lieux de l'eau excellente et du bois en quantité.

Killis partagera les avantages des villes du pachalik d'Alep, qui se trouvent indiquées sur le parcours. Damas va perdre à ce changement de route commerciale, elle qui avait embrassé presque tout le commerce avec l'intérieur de l'Asie ; mais il lui restera, comme anciennement (1), de communiquer avec l'Isthme de Suez, quand le nouveau canal sera percé ; elle fournira aux contrées voisines de son territoire, déjà assez riche de ses produits variés, et maintiendra ainsi la splendeur dont elle jouit depuis qu'elle existe.

(1) On sait que les caravannes, qui de l'intérieur allaient à Péluse, traversaient Damas en allant et au retour.

III.

DES BAZARS FRANÇAIS AU LEVANT.

DES BAZARS FRANÇAIS

EN ORIENT.

Le haut commerce connaît assez les ressources du Levant, pour qu'on n'ait pas besoin de lui dire ce qu'il doit faire pour augmenter ses relations avec ce pays-là, dans les circonstances actuelles ; d'ailleurs nous avons déjà touché la question et démontré les avantages qui se présentent pour doubler et tripler les affaires, puisque les peuples de la contrée pourront faire valoir leurs terres tranquillement, sans plus craindre des avanies, et qu'un négociant qui aura avancé ses fonds sera sûr des retours qu'il peut faire.

Le haut commerce, comme de raison, ne peut s'occuper de petites spéculations : ceci entre dans le genre des boutiquiers. Ces derniers, en Turquie, avec peu de moyens, ne sont pas très-bien fournis, et tiennent leurs prix assez élevés, cela rebute les acheteurs qui ne font que de petites emplettes pour le nécessaire.

Il faut faire connaître à l'Orient que nous avons des objets variés et utiles, à très-bon marché, et pour cela il faut des établissements grandioses où le grand débit produit un avantage réel ; car, comme l'on dit, ce sont les petites rivières qui forment les grands fleuves.

En général, les boutiques, en Turquie, sont petites ; les objets y sont entassés : trois ou quatre personnes peuvent entrer ; les ventes devenant rares, on tient les prix élevés. La difficulté de circuler, de voir, tout concourt à restreindre les acheteurs ; d'ailleurs, peuvent-ils demander ce qu'ils ne voient pas ?

Un grand local, un bazar français ferait mieux l'affaire des vendeurs et des acheteurs.

Comme il faut des fonds pour former de ces grands établissements, il s'établirait des compagnies par actions, et certes que l'entreprise serait avantageuse.

Les Orientaux ne lisent pas nos journaux, nos annonces et ne connaissent point tout ce que l'industrie parisienne produit d'utile et à bas prix ; or, ils trouveraient dans les bazars français de tous ces articles, les prix notés en français et en langue du pays. Le garçon de service indiquerait le service de chaque pièce pour la personne qui en demanderait l'usage, et l'on s'entendrait facilement, car on prendrait des commis sachant la langue usitée, en attendant que les Orientaux apprennent le français.

Pour le présent, il faudrait fonder un établissement dans chaque principale ville, comme Constantinople, Andrinople, Bucharest, Jassy, Belgrade, Salonique, Smyrne, Alep, Damas, Beyrouth, Jérusalem, Alexandrie, le Caire, et dans les îles de l'Archipel, à la Canée et à Larnaca, en Chypres (1).

Les Musulmans sont surtout matérialistes, ils veulent voir et toucher, et comme ils sont parcimonieux, le bon marché les force à faire des acquisitions et à aller répandre notre in-

(1) On peut aussi fonder un comptoir à Athènes et un à Syra, quoique nous ne nous occupions pas de la Grèce dans notre ouvrage ; mais nous pensons qu'ils réussiraient aussi bien qu'en Turquie.

dustrie dans l'intérieur. Quand le goût en aura pris, alors on pourra former des succursales pour donner plus de développement à l'entreprise. On peut déjà essayer de fonder un établissement à Bagdad, et puis l'on ira jusqu'en Perse.

Je crois mon idée bonne, et c'est ce qui me fait l'ajouter à ma notice sur le Levant, par l'intérêt que je porte à tout ce qui peut contribuer au bonheur de la France, et rendre le nom de Français encore plus familier et estimé en Orient. Nous voyons les étrangers former toute sorte d'établissements au Levant : pourquoi ne pas les imiter ? Nous avons bien plus de moyens qu'eux de satisfaire à toutes les demandes par nos produits naturels et artificiels. Les essais répondront certainement aux espérances qu'on peut avoir de les voir réussir. Personne mieux que moi ne peut parler de la Turquie, y ayant passé 40 ans, toujours en rapport avec les indigènes, possédant leurs langues et connaissant leurs moyens et leurs goûts. Je les ai vu toujours portés pour les articles de France, et si quelques-uns ont perdu de leur vogue, c'est qu'on n'a pas su ou voulu imiter les produits étrangers similaires, malgré les avis que j'ai donnés. Le remède est bien facile. Dans tous les cas on ne peut rivaliser avec nous pour bien d'objets, et nous aurions toujours la suprématie, seulement il faut se hâter à multiplier nos Comptoirs dans le vaste et riche empire Ottoman.

(1) Le Sultan, par le firman qu'il vient de faire promulguer, appelant des cultivateurs, des artisans européens, démontre son désir de hâter la prospérité de son empire et d'entrer dans la grande famille européenne.

FIN.

TABLE DES MATIÈRES.

ERRATA.

Page 9, ligne 25. — Le Hatt-Humayon, *lisez :* le Hatt-Humayoun.

Page 18, ligne 4 (Note). — Boghos Dadiana, *lisez :* Boghos Dadian.

Page 32, ligne 12. — A la Mecque, *lisez :* A Médine, près la Mecque.

Page 45, ligne 2. — La Moldavie, la Valachie, le Monténégro, *lisez :* la Moldavie, la Valachie, la Servie, le Monténégro.

Page 46, ligne 5. — De Berh-el-Cham, *lisez :* de Burh-el-Cham.

Page 87, ligne 1. — Le dernier, *lisez :* le premier.

CATALOGUE

DES OUVRAGES DE L'AUTEUR

QUI ONT ÉTÉ PUBLIÉS.

I. **Relation du Tremblement de terre qui bouleversa la Haute-Syrie en août 1822,** insérée dans l'un des *Bulletins de la Société de Géographie de Paris*, tome Ier, pages 301 et suivantes.

II. **Mémoire sur les Anssariés** (Nesseris, suivant leur véritable dénomination en arabe), insérée dans l'une des *Publications de la Société Asiatique de Paris*, en 1822.

III. **Excursions dans les montagnes du Liban jusqu'à Balbek.** Voir les *Bulletins de la Société de Géographie de Paris* de 1826 et 1828.

IV. **Discours prononcé à l'Académie des sciences, belles-lettres et beaux-arts de Marseille, lors de sa réception comme membre associé, en 1832.** On le trouvera chez l'auteur.

V. **Les Cèdres du Liban.** Cette notice se trouve dans la *France littéraire*, tome VII, pages 96 et suivantes.

VI. **Damas et ses sept fleuves.** Voir la *France littéraire*, tome VIII, pages 63 et suivantes.

VII. **Les Chèvres aux dents dorées du Liban.** Voir l'ouvrage intitulé : *Congrès scientifiques de France, tenu à Marseille en 1846*, tome Ier, pages 171 et suivantes, avec gravure.

VIII. **Torrent Egyptis** (ancien fleuve de la Palestine allant aboutir auprès de Péluse). Voir la *Revue de l'Orient*, octobre 1855, pages 211 et suivantes.

IX. **Ecoles complémentaires des langues orientales, nécessité pour la France de rouvrir celles qu'elle possédait en Orient, afin d'y former des élèves interprètes pour le service de l'ambassade à Constantinople et des consulats dans les échelles du Levant.** Voir la *Revue de l'Orient*, août 1856.

X. **Les Philistins, colonie grecque de la Palestine,** brochure in-8°. On trouvera cet ouvrage chez Mme Ve Camoin, libraire à Marseille, rue Canebière, et chez les principaux libraires à Paris.

XI. **Considérations sur les Peuples de l'Orient,** 1 volume in-8°. On trouvera cet ouvrage chez les libraires indiqués ci-dessus.

Sous presse :

HISTORIQUE DES MONTAGNES DU LIBAN ET DE L'ANTI-LIBAN JUSQU'A NOS JOURS. Cet ouvrage paraîtra dans le prochain numéro de la *Revue de l'Orient*.

---

www.ingramcontent.com/pod-product-compliance
Ingram Content Group UK Ltd.
Pitfield, Milton Keynes, MK11 3LW, UK
UKHW031923260826
14628UKWH00003B/1389